U0058195

輔導手札
一位助人者的心靈向度

潘正德 —— 著

目次 CONTENTS

作者
簡介

現 任：
- 中原大學人文與教育學院榮譽教授
- 臺灣師範大學教育心理與輔導學系兼任教授
- 教育部統合視導訪視委員
- 高教評鑑中心評鑑委員
- 台灣輔導與諮商學會理監事
- 臺灣諮商心理學報編輯委員

學 歷：
- 美國威斯康辛大學教育輔導研究所碩士
- 彰化師範大學輔導學系學士

經 歷：
- 中原大學通識教育中心教授
- 中原大學人文與教育學院院長
- 中原大學宗教研究所所長
- 中原大學學生事務處學生事務長

- 台灣輔導與諮商學會教育團體傑出研究「木鐸獎」
- 光武工專學生輔導中心組長、主任
- 徐匯中學輔導教師

論　著：

- 發表於 SSCI 及中外期刊論文四十餘篇
- 出版《壓力管理》、《諮商理論、技術與實務》、《團體動力學》、
  《悠哉樂活：壓力管理的八把金鑰》等專書多本

歐序

　　潘院長是我們中原大學人文與教育學院榮譽教授。他一生以輔導助人為志業，其豐富的輔導經驗，讓人如沐春風。特別是在中原大學服務期間，他以基督徒的愛心關懷獨步在人生道路上的學生與師長，猶如一路陪伴革流巴的耶穌，使冰冷的心重新火熱，也讓前往以馬忤斯的路程從傷心之路變成驚喜之旅。本人欣賞他的特質與風範，故樂意為之序言。

中原大學人文與教育學院教授兼院長

歐力仁

陳序

認識潘正德老師是在我們都算年輕的年歲。遙想起當年在宇宙光輔導中心，有一段時間，幾位基督徒的輔導諮商老師及精神科醫師，會不定時聚集在那裡，一起討論基督信仰與諮商輔導或心理治療的關係；也記起在那些日子裡，我們這些被稱為諮詢委員們，會與同工們聚在一起，討論宇宙光輔導中心的事工推展，我們一起在那裡留下了一些青春的歲月足跡。時光荏苒，我們這些人後來四散在台灣各地，留守在校園或醫院的專業崗位上，一晃三十個年頭過去，如今紛紛到了逐漸從職場退休的年紀，一起又迎向了人生的下一個季節。

我所認識的潘老師，在中原大學長期深耕學術與輔導工作，除了學術研究與教學，他也有豐富的行政歷練，更難得的是他持續在校園，對師生與家長們提供輔導服務。他以基督的愛、輔導的專業、加上真理與神的話，長期在校園安慰陪伴有需要的受苦者，見證了信仰在他身上的力量。

潘老師可以從忙碌於研究論文的撰寫中抽個身，完成這本書的寫作了，真好！這本書可以視為是潘老師對他在過往工作與生活中的心頭點滴回顧，為自己走過的生命路以文字的方式留下了個人的印記；也可以視為是潘老師從長期陪伴輔導有需要者的學習反思，充分顯現出輔導與

陪伴人的工作，是豐富與擴張自我生命的重要來源。難得的是，在學術論文中流露出的潘老師是理性不帶情感的，所關注與探討的議題是專業的，但是本書則展現了潘老師的感性與情意，他流露出的是對生活世界的觀察與體會，在與人事物的互動中被觸動的情感與思緒，使得我有機會對潘老師有了更深入也更完整的認識，這真是何其寶貴。

身為與潘老師同樣是走在信仰與諮商輔導旅途中的我，讀潘老師這本書格外有著一份親切感，雖然平日彼此遇到的機會不多，但是知道在這條路上有伴同行，都是在認真工作、認真生活、用心體會生命，真好！

臺灣師範大學教育心理與輔導學系教授
陳秉華

林序

　　這本書是潘老師四十年專業服務的凝練和信仰實踐，展現一份社會關懷的初心與深情注視。溫潤的筆觸，娓娓道出明心見性的洞燭理解。展卷閱讀，我們彷彿走入一幕幕的人生場景，見證生命中的困惑、觸動和力量，還有那陪伴同行的佳美身影。既敘事，又抒情，它真實有味，值得細細品嘗。

東華大學諮商與臨床心理學系副教授

林繼偉

蔡序

　　每次聆聽潘老師在教學、研究或輔導的分享，總讓自己有更多開
啟，欣見本書的出版，見證許多生命的困頓與開闊，以及對生命的沉澱
與提醒。每篇手札都是一份用心的陪伴與反思，可單純體會那份人與人
之間細膩的情感流動與全人關懷，也可從中獲得重要的生命省思或啟
示，書中所展現的生命廣度與深度，值得一起思考、一起共鳴與感動。

　　　　　　　　　　　　中原大學通識教育中心暨諮商中心專任副教授

　　　　　　　　　　　　蔡秀玲

夏序

　　閱讀這本書的過程中，就好像親臨現場般再上了一次恩師的課。如同書中的第一篇「風船葛的春天」：老師就是像這風船葛藤蔓植物，四十年來把愛傳出去，讓愛蔓延。第二篇「陪伴賦能」：當我需要老師時，他在；當我不需要時，他也不會離開。第三篇「心靈交流道」：老師陪伴我們在苦難之中找到生的力量和心的安寧。第四篇「教育之愛」：因有老師的愛，才能有今日的我。讀完本書，絕對可讓你身心靈都獲得滋潤與成長。

高雄師範大學諮商心理與復健諮商研究所教授
夏允中

李序

　　我備受驚喜承蒙潘老師的邀約來為他的《輔導手札》寫序，這是莫大的榮幸與肯定。帶著說不出的壓力與興奮，拜讀了老師四十餘年來的生命歷程，然而第一篇的第一章「憶良玉心理師」就讓我陷入了悲痛的心情，久久不能平復，很是想念良玉老師。

　　這是一本不受時間影響的生命手札，也是老師人格的呈現，是值得所有助人者學習的榜樣。書中使用案例與事件，並在案例中詮釋了學派的精神及用法，對於助人者來說是再熟悉不過的了解方式，但是深深吸引我的卻是在老師所選出的每個案例與事件，其背後的價值觀及態度。這些價值觀及態度是一個邁向成熟的助人者所需要具備及擁有的內在品格。這些品格在學校訓練中是沒有辦法教授、在工作坊中也學不到的。這些品格需要助人者自己的反思、督導的帶領及老師們的身教，才能入門。而老師在這本手札中，將這些生命的品格隱藏在文章的背後，等著讀者去發掘。

　　「改變，是令人期待的，但需要溫柔的等待」，書中這段話體現了老師的品格。助人者猶如守護者一般，與當事人建立著良好的關係，並且默默地陪伴在其左右，積極陪伴著他走過漫長且難熬的路。然而在這之中，我們可以看到老師的堅持與理念，長期溫暖而堅定地守候在學生

身旁，信守彼此之間的承諾。

　　本書內容藉由老師的所見所聞，結合相關學派理論，以淺顯易懂的方式述說，且書中所涵蓋的主題非常廣，每一篇都是精挑細選，每一個主題的最後都有老師的結語，無論是長或短、引述哲理或是大師語錄，都是老師人生智慧的結晶！有了這些結晶的指引，在助人的歷程中，便不至於會失去方向。非常推崇的是，老師由個案或事件出發，引出了他的專業表現與人生哲學，並呈現了基督的信仰於生活實踐上，這對所有助人者都是一個典範，值得讀者學習。

臺南大學諮商與輔導學系副教授

李岳庭

王序

　　很榮幸有這機會為我生命中的貴人，潘正德老師，在這本記錄他一路走來的生命點滴以及字字充滿人性關懷與輔導珠璣的手札裡，留下我的見證！

　　潘老師，既是我的老師，也曾是我的老闆，一直以來更是我的典範。

　　在他身上，我學習的不僅是做學問的嚴謹與廣博，從書中許多旁徵博引、引經據典可見一斑。更多的是耳濡目染了那種溫和且堅定的態度，遇事處變不驚、穩若磐石，不管是其擔任學輔中心主任、學務長、人育學院院長等職，屢屢在學生事務的處理上化險為夷、周延圓滿。我時時感受到他帶著基督愛和慈悲的胸懷關注著生命和生活中的大小事，身為牧者，聽取那細微卻不放棄的呼喊，這就是我認識的、始終如一的潘老師。

　　時光荏苒，和潘老師相遇迄今，轉眼已四分之一個世紀，如今透過這本手札裡的起承轉合（風船葛的春天／陪伴賦能／心靈交流道／教育之愛），有些是我有幸參與的過程，有些是我無緣恭逢其盛，卻能領略一、二的。

　　閱讀當中的文字之美，亦再次體現了我一直以來相熟的潘老師，不

僅是一位出色的經師，著作等身、授業無數；亦是一位有愛的人師，桃李春風、誨人不倦；尤其是一位難得的良師，其所為，誠如赫曼·赫塞（Hermann Hesse）的理念：「生命究竟有沒有意義並非我的責任，但怎樣安排此生，卻是我的責任。」而潘老師的責任，在這本手札裡，淋漓盡致地展現出來！

　　誠摯地推薦給您，邀您和我一起感受當中的風景，一位助人者的心靈向度，可以如此的寬廣、真摯，還有在每一刻上山、下山之間的崎嶇轉折，都因著源頭的活水，而維持澄澈的初心！！

桃園市諮商心理師公會第三屆理事長
諮商心理師全國聯合會執業輔導委員會召集人

王裕仁

自序

　　成為心理助人者是我一生的職志。自大學輔導系畢業後，一路由中學輔導老師開始，陸續擔任專科、大學教授兼學生輔導中心主任，至學務長、院長等，至今逾四十年。這期間，在學務長辦公室、研究室、晤談室陪伴過無數師生及家長們，面對各樣適應問題或本身所思、所想、所為等諸多體驗與感悟，匯聚成涓涓經驗之流，起心動念而彙整成《輔導手札》一書。一則分享給身處不確定年代的社會大眾，豐富心靈內涵；再則，展現一位大學教師在教學、研究、輔導服務天職的實際體驗與風貌。

　　以文字釋放塵封已久的情感與思緒，既耗時又費力。有如蘇東坡所言「老夫聊發少年狂」的豪放，並印證了「多情應笑我，早生華髮」般的承載。多次再思後，梳理出兩個「不願」的心意，作為寫作的主因：一為「不願」看到自己學術生涯上單調、窘迫的侷限。正如余秋雨在《文化苦旅》所言：「我們這些人，為什麼稍稍做點學問就變得如此單調窘迫了呢？如果每宗學問的弘揚都要以生命的枯萎為代價，那麼世間學問的最終目的又是為了什麼呢？……」而作出回應。二為「不願」讓陪伴經驗之反思，過眼雲煙，消失殆盡，而選擇讓經驗加值。因此，本書是為所有人而寫的。文中的生命故事，也經常是你我的成長足跡。每

則故事雖經改寫，但仍可看出問題產生的脈絡與經緯，因而可作為同遭困頓者之借鏡，期能爬梳思緒，豁然開朗；部分內容亦可作為輔導員、助人者、教師、導師、陪伴者、義工們賦權增能（empowerment）之心靈雞湯。在被陪伴者撲朔迷離的困頓往事中打轉，所耗費的心力極多，誠屬不易。一個心意、一絲亮光、一點創意、一次抉擇，或可沿溪踏花去，直指核心，找到上天賜予的復原力。

　　文本的出版，是一種存在、一種印記，沒有時間的邊界。徜徉其中，重新領悟反芻，真是逸趣橫生，樂在其中。本書的副標題為「一位助人者的心靈向度」，意謂著筆者希冀從助人者多年的反思立基，向無限的心靈空間延伸。內容包括：風船葛的春天、陪伴賦能、心靈交流道、教育之愛等四篇，每篇各含八至十三篇短文。本人為信主多年的基督徒，心靈空間深受上帝的感召與啟發，由此內化個人的輔導風格與理念。在師生互動陪伴過程中，大多從全人發展的觀點，關照受輔者身心靈的福祉。文中個人心靈向度觸及的信仰內涵，就權充作讀者們的另一個選項吧！

　　本書的問世，要感謝中原大學人文與教育學院歐力仁院長、臺灣師範大學教育心理與輔導學系陳秉華教授、東華大學諮商與臨床心理學系

林繼偉副教授、中原大學通識教育中心暨諮商中心蔡秀玲副教授、高雄師範大學諮商心理與復健諮商所夏允中教授、臺南大學諮商與輔導學系李岳庭副教授、諮商心理師全國聯合會執業輔導委員會召集人王裕仁心理師撰寫序文。此外，要感謝出入中原大學學生輔導中心的義工、輔導老師（心理師）、受輔同學、家長、師長們，他們是本書的主角，因緣際會的相遇、相知，豐富了文本的內涵；沒有他們，本書即少了要角，故事將永遠貧乏待續。謝謝中原大學輔導中心何瑞美心理師，及教研所丁芳敏助理，他們在文稿的彙整、構思及潤飾上貢獻良多。感謝心理出版社林敬堯總編輯及陳文玲編輯的協助，讓本書得以問世。最後，要特別感謝內人林薇女士，在每篇文稿裡融入她多年輔導工作的智慧與心血，她是第一位讀者，也是品管的終結者。

中原大學人文與教育學院榮譽教授
臺灣師範大學教育心理與輔導學系兼任教授
潘正德　謹識於台北寓所
2021 春日

第一篇 —— 風船葛的春天

「風船葛」是一種藤蔓類植物，果實呈鈴鐺狀，俗稱「倒地鈴」。在其剔透輕巧的果實內，包裹著一顆顆黑白相間的愛心圖案，又稱「愛心種子」。自 2005 年開始，它成為中原大學輔導中心的代表植物，象徵中心義工的服務宗旨：「把愛傳出去，讓愛蔓延」。基於這樣的理念，「風船葛」的春天，敘說過去直到如今的幾則雋永生命故事。

01

憶良玉心理師

與良玉心理師結緣已是 1991 年的往事了。

在中原大學學生輔導中心兼任輔導老師的甄選中，良玉以她善於同理、人性關懷及親和力等特質，加上辛辛那提大學（University of Cincinnati）諮商專業扎實的訓練脫穎而出。四年後，她更以豐富的輔導專業知能、純熟的危機個案處理，及輔導外籍生跨文化英語諮商能力，榮獲評審的青睞，獲得全職輔導老師的職位。於是，我們成了輔導工作上的好夥伴、好朋友、好同事，也成為學術研究的共同研究者。

✿ 校園心理衛生工作的守護者

在任教的通識課程中，良玉透過每週的「學習札記」，熱忱地與學生心靈溝通，舉凡個人心情抒發、心理難題、社會公眾議題，均能與學生零距離互動。漸漸地，「良玉媽」的美名不脛而走，她成為大學生心目中的心靈導師。她所開設的課程，自然成為校園內的熱門選修課之一。

當時，校內輔導中心有一群逾 60 人的可愛義工群，經過培訓，

扮演同儕輔導員的角色，成為校園心理衛生工作初級預防的生力軍。良玉援例成為義工們的督導、培訓者、輔導員，是義工們的良師、益友，甚至慈祥的媽。隨著義工團體的發展，成員增至百人，並以「風船葛之家」為輔導中心的暱稱，其宗旨在「把愛傳出去，讓愛蔓延」。由於持續推動校園心理衛生三級預防，落實心理健康工作卓有績效，中心屢獲台灣輔導與諮商學會頒發「推行輔導工作績優學校獎」，良玉個人也多次獲得教育部「學生輔導工作優秀人員」獎項，這對她的專業表現與績效，工作熱忱與投入，是極大的肯定。

✳ 秉持學生福祉為本的實踐者

記憶所及，在一次專為「校園危機個案評估與處理」的會議中，在危機個案介入處理優先順序議題時，良玉以她家離校近為由，主動且樂意以第一順位介入危機事件之處遇。日後，數次發生時值三更半夜的危機處理，她確實在第一時間抵達現場因應，因而避免學生悲劇的發生。每一次夜間出勤，都是她先生開車陪伴同行，夫妻鶼鰈情深，又同負一軛關愛學生之情，令人動容。

在輔導實務上，她的自我期許高而務實，從 Rogers 的人本主義出發，融合認知行為、心理劇、家族治療等學派知能，整合成她獨具魅力的個人輔導風格，並體現於學生的輔導與陪伴上。為與時俱進，她自費攜女前往美國取得博士學位，考過諮商心理師執照；為結合理論與實務，她也戮力學術研究，於 2006 年升等教授。對於這一切的努力與成就，她卻雲淡風輕地說：「是為了貼近受輔學生的需要，做了正確的事而已。」

每次輔導中心或她個人獲得殊榮時，她總是歸功於學校「全人關懷」精神的落實，並將榮譽歸於專業團隊的所有成員。她常說：「再

多的績優獎項，都比不上晤談室裡的真誠關懷與陪伴。」因為，所有的獎項雖是看得見、摸得著，但都屬一時的光環，唯有晤談室裡的激盪與領悟，才能讓學生實質獲益，帶來雋永而長存的正向改變。

✳ 「溫、良、恭、儉、讓」的天使

校園內，大多數學生適應困擾的問題，良玉幾乎都能因應得宜。直到一次個案研討會中，她語重心長地分享一位令她苦惱的類似邊緣型人格的學生問題。在長達數個月的輔導陪伴中，學生獨特的性格特質與人際互動方式，常造成家人及同學的嚴重困擾，這使得良玉疲於奔命，感到無奈與無力。但她相信這類型的孩子比一般人承受更多的苦，背離常理的行為與認知是可以理解的，為此她願意接納並承擔。事隔多年，證明她的用心直接或間接帶來正向的改變與影響。

在陪伴晤談中，良玉經常能以細膩又人性化的方式貼近受苦的心靈，在抽絲剝繭過程中，引導啟迪深刻的領悟與嶄新視野，找出生命轉彎的契機。她那獨特的「溫」和同理、「良」善接納、「恭」敬謙和、「儉」樸踏實、「讓」利他人的特質，與她共事的同事、義工或受輔學生幾乎都能感同身受。她彷彿就是一位散播愛的天使的化身。

✳ 一位心理師的殞落

2012 年，良玉因身體不適，經多家醫院診斷罹患膽管癌。在晴天霹靂的噩耗下，她開始歷盡七年半艱辛的療程。每當情況好轉，她便邀約好友聚聚。每次相聚，不曾見她述苦，大多時候，是她報平安，安慰每一位。2019 年初，她因膽管炎引發黃疸，住院治療後引發併發症，於 2 月 14 日不幸病逝。據她女兒表示：「媽媽在最後的一段路始終是清醒的，雖有痛苦與不捨，但能保持心靈平靜與接受，

並且持續為自己及親友們禱告。」「她好幾次跟我說，好多人都比她更堅強地活著，但主所選定的時間一定是最好的安排。」

良玉過世後的第一年，幾件溫馨感人的事持續發生：

「良玉生前的幾位知心好友及同事，在生日當天，曾接到良玉先生代為祝賀生日快樂的電話。因他受良玉之託，完成她的心願……」

「良玉的先生帶著遺物，走訪過往婚姻生活值得懷念的地方，其中包括辛辛那提大學校區……」

「一個命名為『良善美好常駐　如玉溫潤生暖』的思念與祝福茶會，於良玉週年忌日當天，假風船葛之家舉行。會中良玉先生代為致贈沙發一座……」

「會中，多位心理師、輔導老師分別述說工作的壓力與挫折，但因憶起良玉老師當年的風範而重新得力，繼續迎接挑戰……」

一位心理師的殞落，令人不捨，但她用生命述說永不止息的愛，為心理助人工作者加上嶄新的註解，誠如聖經所言：

「那美好的仗已經打過，當跑的路已經跑盡，所信的道已經守住。」

「一粒麥子不落在地裡死了，仍舊是一粒，若是死了，就結出許多子粒來。」

懷念良玉心理師。

良玉的先生致贈「風船葛」沙發一座

「良善美好常駐　如玉溫潤生暖」良玉心理師週年忌日與會者

懷念

我摯愛的妻子 鄧良玉老師
她愛這種每個人與物
謹以這長椅子風船萬之家
把愛傳出去 讓愛蔓延

孫一明2020/2/14

永遠的懷念

02

改變，需要溫柔的等待

　　「改變」是一件極為弔詭的事。就字義來看，改變是一種變更、蛻變、轉換；其相反詞為：保持、仍舊、依舊。改變之所以弔詭，乃在於有些改變，是成長、發展中自然發生；不過，有些改變，卻要耗盡心力後才能完成。最難料的是，人世間的某些負面經驗，對少數人而言，可能終其一生無能超越，亦無轉變跡象，致使屢屢受困，在生命的重要關卡停滯而一再倒帶。

❋ 事出必有因

　　這原本是一次非常單純的考試作弊獎懲委員會，根據經驗，至多二十分鐘即可獲得共識結束會議。但是這次由於情節特殊，超出常理，獎懲委員們經充分、熱烈的討論後，再投票表決，時間已比預期多出一個小時。

　　原本這是一個大四畢業考專業科目的作弊行為。若依往例，作弊行為屬追認案，不需經討論表決。但因此次作弊行為是第二次違規，懲處的範圍落在留校察看與退學之間。而師長委員們更關切的是，該名學生的作弊行為前後相隔四年，手法卻如出一轍。在非開書（open book）的考試中，公然把準備的「大抄」放在桌上抄寫。這引起師長們的好奇，其中顯然另有蹊蹺。師長們在「原因推測」上熱烈討論，試圖找出足以減輕處分的隱情。答辯之間，學生始終保持謙和有禮的態度，但對作弊行為的描述卻是語焉不詳，似有難言之隱。最後的決議是留校察看，附帶條件是：定期接受心理諮詢。至此結束冗長的會議。

✳ 抽絲剝繭

第一次與學生見面，是由父母陪伴前來。父母傷心難過之情溢於言表，但該生似乎不為所動，除了偶爾簡單回應外，幾乎冷眼旁觀，鮮少和父母互動，甚至從未正視父親一眼。

經過多次的會談，總算釐清一些脈絡。

該生有著愉快的童年生活。他一出生即被送往鄉下阿公阿嬤家，直到國小入學才回到父母身邊。當時，由於四歲的弟弟天生體弱多病，三天兩頭看醫生，父母在弟弟身上耗盡全部心力，無法兼顧另一個孩子的需要，這種差別待遇令身為大兒子的他感到明顯的失落與不平。

而因長子、長孫的名分，他命中註定要接受更高的期待和殷切要求。從週一到週六，他在父母安排下參加各樣的學習活動；他始終逆來順受，從不反抗，也毫無異議，久而久之，童稚的歡笑與純真逐漸消失。在阿公阿嬤家，他是天之驕子，活得自在；回到父母家，他反而不快樂，凡事壓抑，活得彆扭。

進入第一志願高中就讀後，表面上生活看似風平浪靜，但他內心卻一直是波濤洶湧。就在選組的前夕，他生平第一次和父親發生激烈爭執。父親堅持只能選填出路好的電腦或電機科系；他則因個人志

趣，獨鍾文史。最後，為了息事寧人，一如往常，他選擇妥協屈服。但由此心生的怨尤與不滿，使他久久不再和父親說話。上了大學資工系後，他開始困惑所學為何，對課業消極以對，最終落到兩度以作弊收場。回顧往事，該生雖不勝唏噓，卻難掩一絲快意。

✳ 尋找真我

基本上，童年多數的負面際遇，始自負面的家庭經驗。在一般的核心家庭中，小孩的傷害性遭遇，少有因年紀漸長而遺忘；相反地卻烙印在心，壓抑在潛意識底部。最常見的是，孩子從寄養的祖父母或保母家突然回到父母家，由於環境的遽變，幾乎阻斷隔代情感的鏈結。小孩的角色可能由「金孫」、「寵兒」，搖身一變為「孤兒」、「邊緣人」，心裡的苦悶、孤寂與失落，若加上父母高度的期待與權威式教導，易使幼小心靈承受過量的壓力和情感傷害。孩子面對無法抗拒、改變的焦慮、抑鬱、無助等負面情緒時，最簡單、直接的自保方法便是排斥、否認、壓抑，使自身處於放空而不真實、冷漠而不受害，藉幻想、白日夢、扭曲知覺，以求暫時的寬心。但拒絕面對現實的結果，不僅於事無補，在否定事實的同時，也否定自己的感覺，進而對風險的評估遲鈍，使自己陷入惡性循環中，產生重蹈覆轍的行為，因而再度受傷。

依理而論，來自原生家庭傷害的孩子，通常擁有一個敏感、脆弱的自我，情感冷漠、疏離，容易對知覺、訊息扭曲。因此，他的想法、說法與做法，都強烈地渴望被尊重、接納與善待。唯有自始至終真誠一致的關懷與同理，才能直指核心，推心置腹。在鬱悶情緒的爬梳後，漸能縫合理智與情感的疏離、理想與現實的割裂，進而促發生存的動力與能量。由於內在小孩的滋潤長大，終能找回真實的自我。

✳ 大小之別

在上述個案的行為模式中，「大抄」意味著某種潛藏能量的抒發，因此可以被視之為人生的「小弊」；但「大抄」也可能被解釋為「大惡」而大加撻伐，造成無法彌補的二度創傷，失去成長改變的契機。畢竟，從自我貶損到自暴自棄，只在一線之間；而從自暴自棄到自我封閉的心理歷程，也僅是一步之遙。

改變，是令人期待的，但需要溫柔的等待。

03

十年之約

　　已經不是第一次參加畢業學生的喜宴。但這次，有著特別的感受與期待。赴約的心情喜悅夾雜著興奮，而期待著的，則是想見見一別十餘年的學生，不知今天的新郎，這些年來日子過得如何？

✳ 初相識

　　在北上的國光號上，不自覺地又打開喜帖。映入眼簾的是新郎帥氣十足的模樣，配上洋溢幸福美滿的新娘子，真是佳偶成雙，美不勝收。隨著高速公路窗外景物的流逝，思緒一下回到十多年前的校園。九月，是校園新鮮人的繽紛季節。依稀還記得這位轉學新鮮人給人的第一印象：笑容靦腆、衣著整潔、謙恭有禮、內向安靜。初見面時他表示，因在原先就讀學校興趣不符而轉學到本校。其次，他也坦言目前持續在看精神科門診。最後，令他深感困擾的是，揮之不去的意念想法，一再盤據腦海中，難以改變。這也是精神科醫生建議他就近在學校接受輔助性心理諮詢的緣由。

✹ 約定與承諾

　　由於求助意願高、配合度夠，我們很快地從關係建立，進入問題探索階段。原來該生揮之不去的想法內容包括：新環境的適應、學業困擾、情緒低潮、健康疑慮等問題。依該生的狀況，我們取得共識：由該生記錄每週的「情緒日誌」，隨後一起探討思考內容出現的頻率、強度，以及情緒感受的因應方式。幾次探索後，了解該生重複出現的思考內容幾乎千篇一律，由此產生消極負面的推論與結論。接著，我們約定每次諮詢晤談前，該生先做二十分鐘的操場快步走，輕微暖身運動至稍有流汗的感覺。每次熱身完，便可以得到一杯自主沖泡咖啡作為立即獎勵。該生似乎很能享受這種參與式晤談，晤談進展順利。但持續的考試壓力，也讓他感到緊張和焦慮。於是我們相約，若是期末考試順利，就有一客龐德羅莎牛排餐。記憶中，這樣令人期待的期末餐敘，持續進行了五、六次，直到該生畢業。因此，畢業前我們有了十年之約，約定好十年之後的某一天再相聚，一起敘舊。

✹ 想法與情緒

　　正如其他想法固著、圍於負面情緒困擾者一樣。四年多的陪伴，幾乎都在想法引出的情緒問題中打轉。透過心理學家 Ellis 的認知行為理論（A-B-C），釐清不合理的認知信念是如何影響情緒反應，進一步學習區辨何為合理或不合理的認知信念。了解不斷地在內心複誦某種不合理的想法，會導致無法排解的情緒困擾之經驗。若是這種複誦習慣不除去，情緒困擾也就一天天存在，難以改變或削弱。除非接受它，並與之和平共存，或可相安無事。若是一再重現並強化與事件無關的情緒，則對事件的看法或詮釋，可能轉換成新的、負面的認知信念。

✽ 十年之約

走進洋溢著喜氣的婚宴場所，我一眼認出該生的模樣。他迫不及待地告訴我他在資訊科技業上班的近況。此外，他熱切地向每一位親友介紹我是他大學時期的師長。

約是一種約定、一種承諾；對該生而言，約也是一種生命改變的目標、生活能量的促動、自我期許的具體展現。晤談室裡的約定不容易達成，十年之約，更是罕見。偶爾一回，彌足珍貴，且意義深遠。

十年之約，為風船葛的春天加添幾筆色彩，我心嚮往。

04

教師節卡片

　　走廊牆上的布告欄貼滿了琳瑯滿目的卡片，其中有聖誕卡、新年卡、問候卡、教師節卡等。有的泛黃，有的新穎，每張卡片都述說著一段往事與感念之情。當中，有一張不起眼的陳年舊卡，寄自美國德州，卻述說著不尋常的生命故事……

　　五月的大學校園充溢著忙碌的氛圍，似乎每個人的腳步都加快了許多。老師們忙著準備期末考題，完成學期課程進度、規劃暑期行程；學生們絞盡腦汁撰寫學期報告，並準備期末考試。校園的一隅——風船葛輔導中心，也如往常進入備戰的狀態：追蹤高危險的孩子，處理考試壓力與焦慮的學生問題，安排學業不佳學生的課業輔導等。正如往常，日子雖在忙碌、緊湊中度過，工作卻是踏實有意義的。

✳ 屋漏偏逢連夜雨

　　此時，一位神色倉皇的大四學生表明想找一位有經驗的老師談談。遇此狀況，訓練有素的櫃台義工立即緊急通報處理。經過初步接案會談，中心緊急召開臨時會議。會中，對該生的狀況有了初步的了解：該生接到教務處緊急通知，告知因不及格學分達退學標準而無法畢業；其次，交往一年多的女朋友，提出分手的要求。遇此晴天霹靂的雙重打

擊，該生頓時陷入愁雲慘霧的危機當中。在一籌莫展的慌亂時刻，一死百了的念頭盤據心頭，但也讓他萌生姑且一試的求助意願。

✳ 危機總動員

隨後，中心依「危機處理流程」的 SOP 分工合作。由接案輔導老師邀約學生一起面對困境，完成不自殺同意書；安排每天固定的晤談陪伴；說服並徵得同意，聯繫父母；宿舍中安排義工編組陪伴；整體評估該生危機狀況，確定追蹤輔導措施等。

經親子間多次懇談後，孩子的處境得到父母的諒解，情緒逐漸緩和。家長因工作先行返回南部，該生則繼續接受追蹤輔導，義工陪伴持續進行。一週後該生回到家中，危機總動員宣告解除。

✳ 因應策略

在類似事件的危機處理中，心理助人者通常會與受輔者一起經歷刻骨銘心的退學與情傷雙重壓力事件，努力面對因受困的認知而引發的僵化、窄化的壓力反應，並做出因應。接著，進一步釐清因果關係並適時修正歸因。此外，有時會利用 Albee「個人產生行為與情緒問題預防公式」作為危機處理的主軸。在密集支持陪伴中，舒緩當下的內外在壓力強度，恢復正常身體睡眠、飲食與生活作息，建立義工及時性社會支持系統，提升自尊心復原力。結案時，引導該生對所遭遇的危機生活事件做整體回顧，並找出其中的意義與心得，作為成長改變的轉捩點。

該生服完兵役後，重考回學校。在一年中，補修完大四學分，順利畢業；畢業後第二年，該生即通過托福及 GMAT 考試，負笈美國德州大學，進入會計研究所就讀。由於學科表現優異，畢業後，順利在實習的公司就業。

✳ 展翅飛翔

布告欄上泛黃的卡片，便是該生就業後於教師節前寄來的賀卡。紙短情意長，述說著當年的往事，以及浴火重生的喜樂與盼望。陪伴助人的關係雖是短暫而倉促，但在促膝長談、心領神會之餘，卻往往能釐清問題癥結，醞釀蓄勢待發、展翅高飛的能量與時機。一旦破繭而出，其展現的嶄新生命力是無可限量的。正如完形學派皮爾斯（Fritz Perls, 1969）的名言：

「我做我的事，你做你的事。

　在這個世界上，我不是為了要實現你的期望而活，

　而你在這世界也不是為了我的希望而存活。

　你是你，我是我，

　但，如果偶然地我們發現彼此，那是多麼美好的事。

　如果沒有，那就一切隨緣了。」

"I do my thing and you do your thing.

I am not in this world to live up to your expectations,

and you are not in this world to live up to mine.

You are you, and I am I,

and if by the chance we find each other,

it's beautiful.

If not, it can't be helped."

結緣於助人關係的情境——風船葛，是一種可遇不可求的際遇。但它存在的意義，自始自終都揭櫫著：當你需要我時，我在這裡；當你不需要我時，我也不會離開。

05

早逝的生命

　　儘管談論死亡是華人文化裡避諱的話題，但生離死別乃是人生必然經歷的重要階段與經驗。生命的誕生固然帶來無限的喜悅與希望，分離又使我們感到難過與無盡思念。面對親人或伴侶的離世，頓時陷入哀傷、失落與不捨的情緒，是一般正常反應。但面對曾經教導或陪伴過的孩子之喪禮，心裡徒增異樣的複雜情懷。多少個時日，研究室或晤談室裡的促膝長談，心靈激盪，在在都留下難以抹滅的記憶與感觸……

第一類接觸

　　一個夏日的午後，一位系裡教授專業課程的老師，帶著學校特有的「學習腳蹤」來到輔導中心。他焦急地向值班老師說明班上一位同學繳交的上課筆記內容，其中的大意是：星期四下午，家裡沒人，是結束生命的好時間。有意圖、有目的、有計畫，這初步符合危機處理的準則，於是在「寧可信其有」的處理原則下，一次危機處理的臨時會議便召開了。下午五點，系主任帶著一位神態覷睍、面色蒼白的同學來到中心。

✱ 成長的苦澀

　　理論與實務上都支持，在一個由四位成員組成的核心家庭中，通常優秀、傑出的孩子常成為父母在親友間誇耀的主角。無意間，表現平平的另一位，就常被冷落、忽略，甚至指責、批評、比較。這種親子間的互動與回饋的差別待遇，形塑孩子最初始的自我形象或自我認定。若是父母親能敏銳察覺而在管教態度上做出調整，公平對待每個子女，滿足孩子對愛的基本需求，情況可能改觀。因為家庭提供的保護性因子，能減低傷害性因子的影響。否則，孩子可能逐漸形成扭曲的自我概念。自我概念是自己對自己的看法或評價，這些評價包括對自身能力、努力程度、工作難度、運氣好壞、身心狀況，以及他人反應等做出歸因。正確或扭曲、適當或過當的歸因，都將造成每個人長大後對自己、未來及世界的正反兩極看法。該生就在多年養成的自動化思考作祟下，長久陷入消極、退縮、自我封閉、過度反應的情緒中，感到苦不堪言。於是，自高中開始，便成為精神科醫生的門診病患。

✱ 因應處理

　　因應危機處理的急迫性，一般的介入處遇措施包括：

1. 建立初步晤談關係後，徵得當事人同意，緊急聯繫父母、精神科主治醫生。

2. 經監護人同意後，可緊急送醫院住院治療。住院期間與精神科醫生保持聯繫，並前往醫院探視。

3. 持續與家長聯繫，了解當事人過去生活史及家人關係，並進一步了解其身心健康狀況。

4. 當事人住院治療後，經精神科醫生評估危機降低者可出院，中心配合進行長期追蹤輔導的對象，並安排同系義工進行同儕輔導。

✳ 面對失落

公祭採一般民間信仰的方式進行。參與人數不多，但該生工作的同事、就學時的導師及同班同學均有代表參加。儀式告一段落，母親雖極度哀傷難過，但一再表達謝意。母親指出，孩子畢業前一年，似乎才活過來，臉上開始有笑容，有如大夢初醒一般，知道自己在做什麼。偶爾也會接到義工朋友的電話，相約參加活動。母親亦表示，孩子就業兩三年來，工作順利，與同事相處融洽。只是近兩三個月來，經常抱怨主管要求太多，工作壓力大，自己無法勝任，心情不佳，自怨自艾，對喜歡的事不再感興趣。雖曾回醫院門診，但當年的主治醫師已離開，雖恢復服藥，一度有好轉起色，但最後還是選擇結束自己的生命。

一個早逝的生命，究竟給社會、職場、同事、父母、輔導專業、醫生帶來什麼啟發或影響？船過水無痕？或走過留下足跡？不得而知。但可以確定的是，出於善意且用心陪伴過的，必在專業生涯中留下有意義的印記。這樣的印記，為助人者帶來專業的成長與生命復原力的蛻變。

走出公祭場所，雨過天晴的藍天特別亮麗，天際出現一道彩虹，彷彿洗滌一切陰霾，微聲述說著：

「只因下了一場雨，所以我們有了彩虹。」

06

分手傷痛故事多

　　我接到一通「社區輔導資源整合」醫院心理衛生科的電話，告知有一位需要緊急協助的學生個案。由於該生留下的資料不完整，亟需透過輔導系統同步尋找，並將其列為高風險學生進行危機處理。原來，有一位女大學生到心理衛生科尋求協助，表明因被男朋友告知要分手，心理反覆出現難以平息的憤怒與怨尤，計劃傷害男朋友作為報復。但該生自己也深怕手段過於激烈，恐造成不幸後果，因而尋求協助。根據電話中告知的外在特徵、條件，由本校助理及義工在系所中尋找符合要件的同學，並邀約接受協助。幸運的是，該生有明顯求助意願，因此，很快就取得聯繫，邀約前來做緊急介入處理。

❋ 爬梳心緒

　　該生表示，儘管分手情傷的自我安慰話她都很熟悉，如：「分手離開是他的損失」、「下一個會更好」、「事情總會過去」、「長痛不如短痛」、「一廂情願總比兩廂不悅好」等。她過去也曾用這些話安慰別人，但用在自己身上，卻一點都不管用。特別在夜晚時分，每每想起，在心碎的自憐下，憤怒怨尤之火熊熊燃燒，經常轉化成對男

友物品或對自己的洩恨。這屢屢註定下半夜的失眠,以及大白天的神智恍惚。這種即將失控的感覺,令她感到恐懼害怕。

值班老師的一句話:「在這階段中,情緒的釋放是難免的,但絕對不要傷害自己或傷害別人。」讓她安心地發洩壓抑已久的心情故事。在熱淚盈眶、頓足捶胸的當下,她的眼目似乎變得較為清明,理性稍稍抬頭,僵硬的身軀逐漸鬆動。在晤談關係中,開啟療傷止痛之路。

✴ 依理而論

對大多數孩子而言,小學生活該是天真無邪的歲月。然而,當孩子敏感於父母感情生變或婚變離異時,可能在有限的認知中對號入座,誤以為都是自己惹的禍、自己應該為此負責。最糟的情況是,父母之間單方面的出軌,由孩子發現,並被迫嚴守祕密。這在孩子幼小心靈中刻劃出難以磨滅的傷痕,埋下極大的陰影,因而承擔難以負荷的無形壓力。孩子為減緩刻骨銘心之痛,最有效的方法便是壓抑並遺忘。表面上,孩子似乎保守祕密、因應得宜,但萬萬沒想到,內心裡卻是波濤洶湧。長大後,一旦自身遭遇同樣被背叛時,多年創傷累積爆發的能量,常超出預期,一發不可收拾。這是分手傷痛難以平息的「遠因」。

其次,孩子在成長過程中,因委曲求全而保守家庭祕密,這遠超過其心智能力所能承擔。於是,孩子不知不覺地使用許多合理化、投射、補償、否定、白日夢等防衛機轉(defense mechanisms)。由於過多或錯誤地使用心理防衛機轉,為孩子帶來某些特殊的個性特質或行為習慣。倘若這些個性特質不為同儕接納,將造成人際交往的困境。在挫折失敗時,欠缺有利的支持系統,因而僅能獨自摸索、耗費心力,或自發性憑直覺處理。這使得被告知分手的一方,在當下的反應

行為，通常是激烈的、極端的、傷害性高的。在新仇舊怨的激盪下，分手的因應變得更加困難。這是分手傷痛難以因應的「近因」。

最後，學者專家 Fraley 與 Shaver 提出愛情成癮需求，解釋戀愛關係提供：尋求親密（proximity seeking）、安全避風港（safe haven）、安全基地（secure base）三大功能，滿足我們天生就有的三大需求：與人親密、被人照顧、有充足的安全感。這些需求的滿足，對原生家庭未盡保護與愛撫功能的孩子而言，是迷人的、渴求的，也是十分嚮往的。若能擁有這樣的愛情關係，與重要他人形成一種社會連結（bond），獲得歸屬感，就無法離開對方，因而緊緊依附他，甚至迷戀於他。一旦被告知要分手，承受的不僅是晴天霹靂的驚嚇，更是椎心之痛。事實上，這樣的痛苦並不只是因為失去最愛的人，而是已經上癮的三個需求突然落空。於是，分手便成為「導火線」和「扣板機動作」。

✳ 浴火重生

由上可知，分手傷痛受到遠因（原生家庭經驗）、近因（個性特質）、導火線（成癮需求落空）三個因素的影響。至於分手傷痛的恢復期要多久？療傷止痛要到何地步？答案因人而異。但不變的定理是：受輔者能否建立新的依附對象？能否轉移愛戀的成癮需求？通常晤談室裡的信任關係建立後，便進入類似剝洋蔥的過程。這過程雖是辛辣難受，但一旦受輔者開始鬆動既定依附需求的渴望，漸能找到新的信任者或依附對象，且能分散上癮需求的焦點時，助人者便知道該鬆手了。靜待破繭而出的新生命走出陰霾，多經一事多長一智，邁向未來的挑戰。正如英國哲學家培根（Francis Bacon）的名言：

> 「真正了解愛情的人，往往會因愛情的昇華，堅定而強化人們向
> 　上的意志和進取的精神。」

07

脆弱的內在小孩

同事的弟弟阿強已是一家資訊公司的中高階主管。大學資工系畢業後，憑自己多年的努力，在專業上有傑出表現，並擁有傲人的業績，且家庭婚姻美滿，令人稱羨。但不知何故，過完年、休完年假之後，即不再上班。在眾人詫異眼光中，他踽踽獨行。一次偶然的相遇、相交之後，他為自己開啟一段艱澀歲月的探索之旅。

❀ 話說緣由

阿強結婚十年，是典型的科技新貴，在一家資訊公司擔任業務經理。眼見工作順遂，薪水加上年終獎金所得豐厚，於是夫妻商量取得共識，太太辭掉工作，成為全職媽媽。可惜好景不常，阿強在年前領了高額獎金後，突然宣布辭職，遞了辭職信後賦閒在家，不再上班。原本太太以為先生是因別家公司高薪挖角跳槽，過完年後應回到原軌正常上班，卻發現先生毫無動靜，仍然蟄伏在家。這一驚非同小可，勉強依靠積蓄過活，坐困愁城，夫妻勃谿時起，最後先生拒絕談論重回職場再就業情事，太太有如啞巴吃黃蓮，全家頓時陷入愁雲慘霧之中。

✹ 依理而論

依常理來看，阿強在未進入中年之前已是五子登科之人，理應在累積豐富的經驗與人脈後，繼續攀登事業的高峰，享受功成名就的滋味。未料阿強卻成為職場的逃兵，在人生即將進入下半場前，臨陣缺席，在親朋好友的訝異聲中，留下許多問號、嘆息與不解。

其實，不論生理年齡有多大，在我們內心深處永遠住了一個小孩（inner child）。正如任何成長中的個體一樣，小孩需要生機、養分、安全與關愛。然而，我們內在小孩的發展，有時會停滯在早期受到創傷的階段，縱使生理年齡逐漸增加，外在的外貌、身高、體態、面相亦成長定型，但內在小孩依然沒有長大，內心深處仍然潛藏著傷痛，像是頑固的舊疾纏身。每當外在環境的壓力加大時，內在的小孩便隱隱作痛；一旦壓力超越自己所能承受的臨界點，唯一能自保的斷尾逃生術便是逃（脫）離壓力情境，從現實戰場中退卻。阿強的案例，便是最好的寫照。

✹ 受傷的內在小孩

有些人內心潛藏的是一個「被忽略的小孩」。在早期成長的童年歲月中，自己的需要被忽略甚至被遺忘。由於失去被關愛、被照顧的權利，於是常懷一份被愛的渴望，與極大的不安全感。在人生的旅程中，經常感到空虛、寂寞和孤獨，茫然不知所措。這樣的人既害怕獨處，又擔心成為別人的負擔；對他人有著不切實際的期望，又常落在過於偏頗的失望中，使心情不斷在兩極端的矛盾中擺盪。

有些人內心潛藏的是一個「被拒絕的小孩」。在成長過程中，接受過多的拒絕與責備，連最基本的心理需求，都得不到滿足。他們在

人格建構的過程中，先天不足，後天失調，像一座沒有鋼筋水泥的高塔，在人生的風浪中，隨時都有倒塌的可能。基本的人類需求發自內心，因得不到滿足而委屈自己，在過猶不及的情況下，常帶給周遭極大的負擔，因而產生自責與罪惡感。在罪惡感與委屈的雙重情結下，封閉自我、否定需要是暫時減輕苦楚的良方。似乎唯有如此，才能斬斷牽絆，藉著冷漠、否定事實，遠離苦痛，免受創傷。

有些人內心潛藏著的是一個「被過分要求的小孩」。在人生的旅途中，前面永遠有一個無法達成的目標，和難以實現的理想。不管自己表現多麼傑出優異，目標和理想持續提醒自己有多糟、多差勁；不論自己做過多少努力，仍然擺脫不了低自我價值的評價。求全與完美的個性，造成本身及他人極大的壓力。這樣的人在屢次無終止的付出又得不到滿意的結局後，終致心力交瘁。

有些人內心潛藏的是一個「被虐待的小孩」。在童年歲月中，只要是缺乏被「呵護備至」的疼愛經驗，或遭遇言詞羞辱的霸凌，皆可稱之為虐待。這種被虐的不愉快經驗，常會造成麻木不仁、自我否定、妄想，最後扭曲自己，扭曲人生，甚至代代相傳。

有些人內心潛藏的是一個「被溺愛的小孩」。他們持續需索無度，心中的空虛感永難填補，常自顧不暇、自我中心，對別人的需求冷漠以對，或視而未見。

有些人內心潛藏的是一個「被利用的小孩」。從童年開始，即被要求扮演小大人，表現出超越自己年齡的言行舉止與思維。他們早年被迫喪失童年的純真與心理的依附，到了壯年，即像兩頭燃燒的蠟燭，燈油耗盡，在生涯發展的路徑中吹起熄燈號。

阿強的角色可能反映出上述某一種小孩的特徵，也可能是全部小孩的縮影。然而，阿強也可能就是我們自己，或可能是我們認識的許

多人，只不過有著程度上輕重緩急的差異而已。

✸ 修復與成長

內在小孩的探索、確認、修補與再造，一般都需要漫長的探索歷程；但也可以透過教牧輔導的靈性關懷，體現上帝愛的滋潤、聖靈的光照、上帝話語的啟示，最後完成未竟之事（unfinished business），邁向成熟長大。這有如以色列人古老的智慧所言：

「我作孩子的時候，話語像孩子，心思像孩子，意念像孩子。既成了人，就把孩子的事丟棄了。」

內在小孩的自我探索雖有剝洋蔥般的辛辣苦澀，但更新變化後的成長超越，卻是可以期待的。

08

長期照顧者的賦能

　　俗語說：「家有一老，是謂一寶。」但對我的同事林老師而言，長期照顧陪伴兩位高齡又失能的雙親，實在是難以承受之重。情感上的順從孝道，與理智上的拒斥掙扎，常常是糾纏不下的兩端拔河——在孝心與自憐、良知與自我之間有了天人交戰，內裡的矛盾與掙扎所付出的心力，使得原本即已滿載的負荷，更是雪上加霜，幾近耗竭。這兩難困境，看似無解的繩結僵局，卻又有階段性任務完成的期盼。

✦ 照顧者的困境

　　在校園中與林老師相遇，幾次關懷致意中，常聽到熟悉的敘述：

「睡夢中，外傭緊急告知阿嬤喉嚨有痰，痰哽住喘不過氣來，需
　要送醫院……經過一夜的送醫急診，折騰半天回到家已是清晨
　四、五點，卻發現阿公不見了。擔心失智的父親走失，又趕緊
　出門找人……有時，剛好相反，上半夜照料父親，下半夜安頓
　母親，整夜折騰不得閒，白天又要教書，忙學校的事……」

　　每次聆聽完，感同身受之餘，總是不勝唏噓，令人不捨。

隨著「高齡社會」的來臨，高齡化帶來的身心變化，造成慢性疾病與功能障礙者的盛行率急遽上升，使得失能人口大幅增加。林老師的處境，不過是社會上諸多案例的寫照；而敘述的內容，也是照顧者普遍的無奈心聲。對林老師而言，用耗盡心力、備極艱辛來形容，一點也不為過。值得關注的是，照顧者心理的牽掛、身體的勞累、長時間處在焦慮的無力感，不僅會累加感染，更會穿透到生活各層面，無形中加劇照顧者身心的負擔與受創，使照顧者落入兩頭燃燒的困境。這與一般的陪伴過程中，期待有終點時刻的到來，大不相同。早到、不預期的生離死別往往留下遺憾與自責的哀傷反應；而晚到、望不到終點的生死離別，亦同樣落在長久困境的煎熬中。長期照顧者所需的陪伴與關懷之重要性，不言可喻。

✳ 臨終病人的困境

此外，身為晚輩家屬，陪伴一個即將劃下人生句點的臨終病人走完最後行程，是備極艱辛的。但既然做出陪伴一程的決定，就要全盤掌握並理解臨終病人的需要以及心理反應，藉以提升陪伴的品質，並使陪伴的內涵更加充實。一般人走到生命的尾端，最常遭遇的問題是：生命的意義與價值、寬恕與被寬恕、愛與歸屬、希望的有無、宗教信仰等，由此產生下列六項心理反應：

一、**不確定感的確認**。臨終病人有一連串由不確定感引發的問題，例如：死亡的光景、臨終前有何現象、死後何去何從等。照顧者首先要知道病人因不確定感引發的問題是真實的感受，因此無所謂對錯、好壞。若能適時開誠布公探討這種不確定感的感受，或可釐清其感受與想法，讓其盡情抒發，以安撫人心，產生安定的作用。倘若病人早已確知病情，並希望有所準備，則可婉轉告知現階段的治療狀

況。至於照顧者目前不確定的事物，誠實以對可能是上策。

二、擔心自己成為累贅而不安。臨終病人常因長久連累家人而感到內心歉疚。此時照顧者若能坦承勞累，並以正向語言回應，例如：「這一生受到您許多照顧，現在輪到我照顧您，很願意多陪伴您一陣子。」「能服侍長輩是我的福氣（恩典）。」或可減輕病人的不安與虧欠感。

三、害怕失去自主能力而任人擺布。適當還給病人自主權，讓其分享決定權及參與感，例如：接受探訪的時間、決定看護的方式、治療的限度、看護的場所、每日作息安排、談話主題等。

四、害怕孤單寂寞。病人臥病在床，亟需親情慰藉，對照顧者的不耐煩、冷落、忽視、遺棄頗為敏感，尤其害怕孤獨、寂寞。陪伴中，盡量穿插病人早年有意義事蹟的話題，或分享自己的生命意義。若照顧者是基督徒，分享上帝的愛、生死的意涵、永生盼望等都是很實際的議題。當病人表達心情感受時，傾聽、接納、同理心是最好的因應方式。透過雙向互動，適時傳情達意，帶給雙方滿足感，而使生死兩無憾。

五、無法割捨親情。捨不得及放不下心愛的人，是臨終病人心中最大的牽絆。此時，照顧者若能將病人放心不下的親人作妥善安頓，並明白告知病人藉助宗教信仰的力量，將自己的生命歸宿及不放心的親人交託給上帝，也可以減少牽掛，找到寬心之道。

六、希望交代遺志及遺物。臨終病人知道來日無多，不能再等待，亟欲了卻心願。照顧者可依從病人的交代，儘可能協助完成心願，或對病人表示願意接納、珍惜其遺物，如此可使病人感到心安而減少「未竟之事」的遺憾。

✳ 賦能真義

對臨終病人的照顧者而言，賦權增能（empowerment）的概念可能是一盞明燈，帶來積極正向的思維。許維素（2002）指出，諮商輔導中的賦權增能是指：提升個人控制生活掌控力的運作機制。賦能一詞源自積極正向心理學的理論，旨在透過言行、態度、環境的改變給予他人正向能量，並以最大限度發揮個人的才智和潛能。顯示賦能不僅包含從外部賦予個體能力（enable）去改造環境，更含有從內部激發出（energize）個體潛能的意涵。

✳ 照顧者賦能之道

對臨終病人的長期照顧者而言，其處境有如身處壓力鍋內。因此須適時抒發自己的心緒，疼惜自我，找回自身的控制感。就實質意義而言，「陪伴」是照顧者送給臨終病人最珍貴的禮物。陪伴時若能表達潛藏的情意，一則可豐富陪伴的意義內涵，再則可使照顧者不須壓抑自己，有能力展現真實的自我。照顧者一般可透過「五道」，來達成陪伴的賦權增能：

- 道謝：謝謝臨終者早年出現在照顧者生命中，一生付出全部的心力，讓照顧者備受呵護，在愛中成長。這使照顧者對家、家人、家族產生認同、歸屬，並有能力陪伴。

- 道歉：請求臨終者寬恕、原諒照顧者早年的過錯或失誤；也表明願意原諒對方的過錯或疏忽。釋放彼此的虧欠，打開傷人或受傷的心結，相互接納扶持。在寬恕中遺忘，在遺忘中寬心。

- 道愛：照顧者與臨終者表達彼此的心聲愛意，相互祝福，相
　　　約重續舊緣。真心誠意的道愛，足以撫平傷痛，除去
　　　恐懼，帶來平靜安穩的心。

- 道別：在安息離世之前，真誠地道別祝福，闡明息了一生勞
　　　苦，不再有病痛牽絆，安心放下。正如送別遠行的
　　　人，平安來去。

- 道念：表明長久不會改變對臨終者的一生事蹟、情誼、為
　　　人、風範的懷念和惦記。

✴ 小結

面對臨終病人的陪伴，我們雖相信：陰霾之上，必定灑滿耀眼的陽光。但神學家尼布爾（Reinhold Niebuhr）的寧靜禱文（Serenity Prayer）更能帶來智慧的賦權增能：

「神啊，求您賜我寧靜的心，接受我所不能改變的事，
　賜我勇氣，改變我所能改變；
　賜我智慧，分辨兩者的差別。」

第二篇

陪伴賦能

　　陪伴是一種伴隨、陪同、隨同做伴的關係。真正的陪伴,是當你需要我時,我在;當你不需要時,我也不會離開。陪伴的意義不在時間的長短,而在能否同心同行,心領神會。賦能包括:賦權增能、充能、培力等。許維素(2002)認為:賦能是提升個人生活掌控力的運作機制。而 McWhirter(1991)指出:諮商中的賦能,是要協助:(1)受輔者在諮商中所獲得的掌控力,運用在生活中個人內、人際間及社會脈絡中;(2)對於所屬社區能有所認同、投入,或能支持別人;(3)不同於傳統的諮商,在諮商歷程中,受輔者與諮商員一樣擁有權力。由上可知,陪伴賦能是輔導員不可或缺的基本素養。在陪伴過程中,自己先成為一個擁有賦能的人,方能幫助另一個人成為「功能充分發揮」的人。而 Carl Rogers 的真誠一致、無條件積極關懷及同理心,則是始終如一的基本要素。

01

賀第一本警察家庭心理手冊的出版

　　對一個長期關心、參與警察心理健康與輔導的工作者而言，初見《愛上警察》（梁秀鴻譯，2001）一書，即有如獲至寶的感覺。雖然諸事繁忙，無法一口氣讀完，但分段閱讀，逐句領悟、體會，也有細細品茗的樂趣。這期間，心裡的思緒，雖隨著書中事實與真相的情節起伏變化著，但始終如一的，是深得我心的快慰和悸動。因此，就在短促的時間內，擠壓、吞嚥，閱畢本書。

✳ 警察的工作

　　有人說：「警察的工作是三小時的無聊等待，伴隨著兩分鐘的恐懼害怕，和六小時的撰寫工作報告。」這樣的描述，一點都不誇張。眾所周知，警察是一個全然付出的工作：第一，必須輪班；第二，工作時間超長；第三，工作本身常帶來危險性與不可預期性；第四，工作性質影響生活及家庭。換言之，警察工作是一項高壓力的職業。如此的職業壓力，光靠壓力管理的理論與技術是無法竟其功的，至少，在缺乏實務的驗證與問題解決前，問題依舊在，大環境的主客觀條件仍然存有太多的壓力源（stressor）待紓解。

❋ 壓力反應

一般而言，影響一個人的壓力反應（含情緒）因素，除了性格、想法、問題解決能力，以及是否能有效處（管）理情緒的方法外，外在的生活事件也會直接影響或加速情緒的惡質化：如親人過世、婚姻不和諧、職業傷害、工作升遷、人際衝突、失業等。因此，如何因應親人過世、創造和諧婚姻、避免工作傷害、建立正確的職業觀與職業角色、解決常見的衝突、將失業或無法預期的焦慮轉換成正面積極的經驗，以及建立一個良好的支持系統，都有助於減輕壓力事件對警察同仁的侵襲。

事實上，警察同仁對於發生在自己身上的一些重要事件，往往以一種「半空白」的對話方式作因應——亦即在辦公室裡，與同事分享一部分的故事；回家後，怕家人擔心，只能和家人分享另一部分的故事；隨後，在夜深人靜時，卻把整個故事保留給自己。開始時，控制情緒還像是一種有意識的行為，慢慢地，逐漸變成一種無意識、不經由個人意志控制的反應行為，最後，整個人都陷入情緒的沼澤中而難以自拔。遺憾的是，在警察的養成教育訓練中，他們被教導在職場上要堅強獨立，至少要掩飾自己的情感（善意的自我保護）。但警察心理學家艾倫·史卡夫那博士表示，一個警察在工作的前三年，所看到人類悲劇的平均數，會比一般人一生所看到的平均數還多。在此一狀況下，把警察比喻成帶著槍的弱勢族群，似乎滿貼切的。

❋ 生命的韌性

雖然警察在公務執行中會經歷別人的苦與難，甚至自己偶爾也處在危急存亡之秋，但生命是可以有韌性的。這如同在墾丁崎嶇的海邊，總會看到在海風吹拂之處所生長的雜樹（草），強勁的海風把它

們的枝幹壓成不可思議的角度與形狀，但它們依然繼續生長、存活。讓傷痛或壓力成為生命的一部分，與之和平共處、相安無事，並從中再起是有可能的，但，這需要時間與方法。《愛上警察》一書便是不可或缺的寶典。它告訴你一條創傷復原的路徑、調適的要道，與全人關懷的良方。因此，本書適合所有關心警察身心健康者閱讀，其中包括：警察本身、家屬、長官、行政決策者、民意代表、學者專家、學生、心理輔導工作者、社工員、心理治療師、精神科醫師等。

✳ 家庭心理手冊的內涵

本書計分四部：「親愛的我回來了」、「重大創傷事件」、「不同的家庭及不同的訴求」與「結語」，豐富的內容含括在十四章內。第二部「重大創傷事件」中包括：「創傷篇」、「極端的情緒反應篇」及「尋求幫助篇」，是本書的精華，內含七章，詳述壓力、創傷、虐待、酗酒、自我傷害等問題，並從理論與實務提出解決、預防、康復之道。結語部分，作者舉出成功的實例，告訴讀者，警察生涯的調適、創傷康復、再造生涯高峰的歷程。換言之，成功扮演警察角色並非緣木求魚之事。從上述介紹，讀者們可看出作者——一位三十餘年警察臨床心理學家——的用心，其貼近基層警察怨與尤的同理心，以及關切警察身心健康的企圖心。不可避免的，本書也存在著文化差異、不同行政官僚體系、支持系統有別等問題。換言之，美國警察有他們的問題，我國的警察也有我們自己的問題。不過，其中有相當雷同之處，例如工作壓力、工作性質等，從坊間的社會新聞來看，國內警察問題的凸顯也是不爭的事實。

用一個簡單的心理學概念來衡量一個人的行為表現可以得知，$B=S/SS+E$（B：行為，S：情境壓力，SS：社會支持，E：自我強

度），依此一公式，警察的行為表現至少須視三方面的情況而定。第
一，面對情境壓力的大小（S）；第二，個人擁有的社會支持
（SS）；第三，心理與生理的健康強度（E）。因此，當警察的壓力
大到某一個程度以上時，勢必影響他的行為表現及自我的調適。但是
除了有客觀的必要條件外，壓力大並非無解，強大的社會支持與成熟
的自我強度絕對是最好的後盾。這就是本書強調的主要觀念之一。

✳ 警察的賦能

讓我們將本書獻給在台灣日以繼夜維護社會安寧、主持正義的警
察先生女士們，也願本書的出版成為協助警察維護身心健康的起步。
畢竟，警察也是有血、有肉、有情感的人，一位成功的警察，背後一
樣需要關懷、陪伴與賦能。

02

精采活出人生下半場

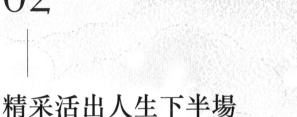

一個人真正的考驗，並非在於他扮演自己想要的角色，

而在於他扮演上蒼要他扮演的角色。

Václav Havel（1936～2011，捷克作家及思想家）

《人生下半場》（*Halftime*）是由一位成功企業家鮑伯‧班福德（Bob Buford）所著（楊曼如譯，2001）。他是美國班福德公司總裁，亦是「領導關係網」的創辦者，更是一位虔誠的基督徒。

✽ 作者生平

班福德出身寒微，十一歲起承擔生活重擔，十四歲時父親突然過世，生活頓失依靠。當下，他做了一個決定——一生努力追求成功、卓越。於是他訓練自己果斷、明智、主動積極與堅忍不拔的個性。三十一歲時，母親在一場大火中喪生。不久後，他晉升為公司總裁、主席及一家之主。接管家族企業後，他開始謹慎地自我反省，希望對人

生的方向有些調整。中年以後，他決定用他的專長、知識、經驗及金錢來實現對上帝的承諾——傳揚基督、擴展神的國度。自此，他的人生下半場整個翻轉過來。他是少數能把人生焦點由短暫成功光環，轉換為有意義、永恆價值的典範。

✳ 本書特色

在《人生下半場》書中，班福德分享自己親身的體會，並現身說法，舉出活生生的案例。此外，他也引用許多過來人的經驗，帶領讀者一窺前人如何乘風破浪，揚帆渡過中年的危機與暗礁。中年，亦即是人生的中場，未必是危機時刻，反而可以是轉機。班福德透過本書，為許多已步入或即將步入中年者帶來值得珍惜的鼓勵與啟發，幫助讀者將生命放置在一段嶄新的旅程。這樣的改變，不僅能再次獲得成就，更能豐富自身的價值與意義。整體而言，本書具有下列特色：

- 是一本怡心養性、易讀易懂的自傳。
- 作者用平易近人的方式探討開明、富庶社會的基本社會問題。
- 是一本重要的、政治意念濃厚的書籍，鼓勵利用中年的成就參與義工，促進社會福利。
- 是一本宗教書籍，強調當今教會的角色及角色任務——傳福音、做見證、社區服務。
- 是一本把知識轉化為智慧的書籍——中年人的靈性糧食。

✳ 客旅人生的體驗

在事業飛黃騰達的時日裡，作者優秀的獨子突然因意外事件過

世。從中，他深刻體會到，上帝的恩典在人的軟弱上更顯得完全。他也同時學習到：人活在世上，是旅客、是寄居居民，是管家而不是擁有者，是戰士而不是溫室花朵。於是，他對中年有如下的體驗：

- 35 歲或 40 歲以前是人生上半場，接著中場休息，隨後進入人生下半場。
- 上半場為生存而生活，下半場為生活而生存。
- 上半場是創業維艱階段，下半場是登上黃金高峰。
- 上半場賣力工作（working hard），下半場聰明做事（working smart）。
- 上半場出差錯，下半場可以補救；下半場出差錯，一生難以挽回。

✾ 成功的覺醒

成功的滋味容易令人著迷並耽溺其中，本書作者也不例外。不過，他對成功有不同的詮釋。作者認為，成功與意義本質上有一線之隔。成功能獲得許多成就，但成功不一定有意義；失敗可能沒什麼成就，但失敗可能有意義。我們若沉迷於成功而不自覺，很可能淪為成功的階下囚，繼續為成功付出更多意想不到的代價，如此落入因果循環中。我們應該讓成功成為我們的僕人，而非主人。

本書為讀者留下幾個發人深省的問題：

- 我在目前的生活中，缺少什麼？或什麼都不缺？
- 我一生嚮往什麼？
- 我是誰？

- 我認為世上最有價值的是什麼？
- 我是否已純熟地運用上帝所賜予的才華恩賜？或尚未運用那些才華恩賜？
- 為了使下半場比上半場更好，我可以採取什麼行動？
- 為了下半場更有意義，我願意做什麼改變？

✴ 生涯規劃四目標

最後，作者以棒球場的四個壘，作為一生規劃的四個目標：一壘相信、接受耶穌為救主；二壘為聽道、靈性成長、成熟；三壘為行道、投入服事、成為主的門徒；本壘為獻身福音工作，成為上帝國度的建造者，來彰顯基督徒屬靈生命的成長歷程。作者認為大多數基督徒在人生上半場只停留在二壘，甚至終其一生亦只停滯在二壘。如此，一生中最多只能發揮一半不到的潛能和實力。因此，他特別呼籲社會大眾——包括基督徒或非基督徒——應該正視這個問題，妥善規劃下半場，並全力以赴，以充實美滿的人生。

這正是哲學家齊克果（Kierkegaards）所傳達的人生美麗新境界：

「我真正缺乏的，不是該知道什麼，而是清楚明白該做什麼，最要緊的是了解自己，明白上帝真正要我做的是什麼……找到自始至終我能為之生，也能為之死的理想。」

03

外遇：不可原諒的罪，有可寬恕的理由

　　學者專家對外遇的定義至少包括：

「配偶中的一方與第三者發生性的關係。」

「發生非婚姻性關係的男女中，至少有一人是已婚的。」

「外遇是指在婚姻關係仍舊存續中，與配偶以外之第三者發生性
　關係之事實。」

「外遇是婚姻關係中有了第三者的介入。男女的愛情是一對一
　的、排他性的，而外遇是對這種排他性的挑戰。」

✤ 生理需求論述的偏移

　　由上可知，有關「外遇」的論述，大多從基本動物本能的性關係
加以論述，也就是在肉體的性需求中打轉；較少從情感或精神層面加
以探究。這使得我們對外遇者的了解，大多侷限在生理性或行為層
面。一旦外遇事件被揭露，最常見的言論，大多用一個過度簡化的因
果關係作「原因推測」，或不明究理地作「責任歸屬」的分配。如此
一來，對人類複雜的外遇心理歷程的了解並無多大助益。因為在意識

層面上，我們對外遇中加害者、受害者、拯救者彼此間的角色之關聯性，及各自的心理狀態少有觸及；而在潛意識層面上，對行為動機與早期原生家庭的成長經驗之關係亦少有著墨。因此，與外遇有關的論述，不是落在霧裡看花的朦朧，便是停留在隔靴搔癢或各自表述的格局。

事實上，「外遇」已成為現今社會一個既熟悉又令人感到疑惑的問題。從台北市社會局（2002）公布的「九〇年代全國婚姻外遇現況」調查顯示：20 歲以上已婚男女中，4% 的人承認自己的確有外遇，另外有 4% 的人表示配偶有婚外戀，依此估算，台灣至少有 46 萬個家庭正為外遇所苦。當然，外遇事件的發生與離婚的決定不必然具有因果關係，而其間的複雜動力因素也有賴進一步的實證資料加以澄清。但不可否認的，在許多探討國內有關離婚的研究中，外遇似乎是最普遍、也是最主要的離婚因素之一。在美國，65% 外遇者的婚姻以離婚收場；但經過婚姻諮商輔導後，只有 2% 的夫妻因配偶外遇而離婚。因此，隨著時代變遷，外遇事件的深入探究，已是社會大眾亟需面對的議題，其重要性不言可喻。

✳ 有根有據的好書

《外遇：可寬恕的罪》（許耀雲、孫孚桓譯，2004）是一本利用家族治療理論探討外遇問題的好書。外遇的家族治療理論是：「外遇者雖不像高血壓或青光眼，會自基因傳給下一代，但卻以細膩難察的方式，影響下一代的心理及情感發展。」人類的許多行為邏輯是根據幼年時的經驗法則，就像電腦程式設定一樣，深植潛意識中。因此，許多外遇者事實上是在演出兒時便潛藏於內心、但並未清楚意識到的家庭劇本。也許外遇者不知道、也不承認他們的父母十之八九也曾有

過外遇。一旦他們長大成人，通常不是模仿父母，重蹈覆轍；便是反其道而行，視親密關係為畏途，自親密情感中缺席。然而，無論哪一種方式，通常是上一代外遇事件原版的再版或更新版。

本書不同於以理論鋪陳、艱澀難懂的學院派學術著作，也有別於賣弄華而不實的專業術語之個案研究；是一位開業的諮商心理學家從多年的婚姻治療工作中，在與諸多被所愛的人背叛、傷害的受輔者對談中，累積、沉澱、萃取菁華而完成的鉅著。對外遇問題中的受害者、加害者、拯救者三重角色具有啟發性，對戀愛中遭遇三角習題難解者同樣有助益。換言之，本書符合心理諮商治療揭櫫的「我們都從受輔者身上學習」的基本理念。

✳ 原生家庭的架構

外遇，一向被認為是道德問題，出軌的一方往往會遭到譴責。不過在家族治療心理學家看來，很多婚外情卻是婚姻生病的一種表現，是穩定婚姻關係的一種特殊方式。事實上，外遇往往只是一種表象，底層卻是個人的人際關係模式出了問題。以這樣的觀點出發，讓我們對外遇有了進一步的認識，不再單一地把外遇視為一椿兩人或三人間的掙扎，而能把它放在一個比個人意志更深入、更寬廣、屬於潛意識原生家庭行為模式的架構中，探索更深層的內在緣由，重新體會潛藏已久的怨尤與失落，使外遇者及受害者同樣能絕處逢生。

人類自從婚姻制度開始，外遇問題便接踵而來。男女兩性同時扮演外遇的主角，是加害者、受害者，也是拯救者。事實上，了解外遇是走出陰影的第一步。了解也同時是寬恕的基礎：了解外遇者也可能是上一代外遇的受害者；了解無論分或合、保留或結束關係，男女雙方都有必要學習正確的相處方式；了解外遇可能是一種警訊、一種解

決問題的方式、一種求救的場景、一種童年痛苦歲月的紀錄片之重現、一種危機的轉機。那麼，外遇，這不可原諒的罪，也就有了可寬恕的理由。

　　寬恕，是一切外遇創傷癒合的開始；愛，則是包容所有親密關係創傷的原動力。

04

再論外遇：可變性與不可變性

　　一位初學輔導、修習「輔導與諮商」的年輕女學生，針對前篇〈外遇：不可原諒的罪，有可寬恕的理由〉做了下列的回應：「剛讀諮商理論，覺得很有趣，因為居然有一群人，能把別人的錯誤全都合理解釋成不是他現在的錯，看完大作〈外遇〉，感觸更深。」我不見得完全同意這位女同學的觀點，但我必須謝謝她的提醒，對一個可能不夠周延的論述，作者是有責任加以補充說明的。

婚姻關係的岔路

　　在所有的人際關係中，婚姻關係是最親密、最具排他性的，因此被伴侶背叛的創傷最難平靜、最難修復。這種創傷反應包括：被你所愛的人傷害、失去對自己的自信，以及無法再信任別人，甚至連繼續存活的意志都喪失殆盡。當我們說，外遇是可以原諒的，相信只要有被傷害經驗的人，包括直接受害者、間接受害的子女，恐怕都會再度被攪動一潭春水，翻騰起情緒來，久久不能平息。

　　寬恕外遇，並非為其找藉口，而是正視外遇問題，直指外遇行為背後的驅力。正如前文的論點：外遇往往只是一種表象，底層卻是個

人與人際關係的模式出了問題。

我認識的一對大學同窗好友，他們戀愛長跑有成，最終結成連理。男的精明、女的美麗，但他們的婚姻卻由於上一代婚姻潛伏著不忠的紀錄而瀕臨破裂；一次又一次丈夫欺騙妻子，但一次又一次妻子採取寬容，一再將丈夫帶回婚姻軌道中。他們兩人都不了解，現在上演的劇本早在童年時期便已定稿。丈夫懷疑母親在他幼年時曾發生婚外情，長大後就以到處拈花惹草的方式為父親洩憤；而妻子則長年目睹被母親欺壓、在家中毫無自尊的父親，如何在外遇的矛盾衝突中找回真實的自我。她因同情而學會成為一位熱切想勸服丈夫走回婚姻、不斷原諒不忠行為而委曲求全的妻子。

❋ 尋找根源

這種根源於原生家庭的童年時期被傷害、受遺棄、遭背叛的經驗，卻在第二代新生家庭中承接、實現，這便是外遇的不可改變性。如此的論點，不免流於宿命，落於悲觀，而有輪迴再生，永不得翻身的遺憾。但事實並不全然如此。

作家蕭颯在其小說《走過從前》一書中，對這種子女與父母之間的深層內在牽連，有很敏銳的覺察。書中把女主角遭遇的外遇情節和她在母親撫養下的成長過程，相互穿插描述，以對照兩者間的關聯性。但本書最精彩的部分在於，故事結束前，女主角戲劇化地表達抗拒母親影響的意象：「她偏過頭去，躲開母親的影子，她不願與任何人重疊，重蹈母親的覆轍。」

❋ 外遇的轉換

從上一代的婚姻關係中覺醒，正視此時此地自己的問題，並重新

選擇自己嚮往的婚姻生活，使得外遇的轉換成為可能，即是所謂代代相傳的外遇之可變性。

　　覺醒是轉換的起點，正視問題則是改變的開始。不過，在外遇的泥沼中，正如物理學揭櫫的原理原則：「向下（沉淪）是既省時又省力；向上（提升）則是耗時又費力；而維持現狀，繼續保有外遇，既安全又不費力。」身處外遇漩渦，一般人不僅難以急流勇退，更難憑一己之力拉拔躍升，做出石破驚天的改變。接下來的問題是，經歷外遇的雙方該做的抉擇是什麼：變或不變？可變或不可變？

　　依理而論，外遇的轉換可藉助兩種力量：一是內力，一是外力。內力即是個人意願（willing）的強弱。有了意願就有覺醒的可能和動力的醞釀，但這仍然不夠，因為個人的意願常落在「立志為善由得我，只是行出來由不得我」的困境中，而看不到願景。因此尚須外力的介入。外力即是資源的整合及運用，尋求心理專業協助，或藉助宗教信仰力量。這些都屬有益而健康的資源。心理專業資源可以釐清外遇者的原生家庭經驗，宣洩存封已久的思緒，讓理智清明，重新抉擇，破繭而出；而宗教信仰，特別是透過靈性關懷，理解並體驗神愛人、人被愛的意涵，從本質上轉化怨尤為祝福，昇華仇視為寬恕，徹底翻轉外遇的輪迴與不可變性。

　　這樣的轉化、昇華是有可能的。在外遇的滾滾洪流中，撕裂原有的親密關係，迫使信任感降至冰點，但轉化、改變的契機仍然存在著。聰明的人不一定要創造機會，但卻一定要會把握機會。用心體會，細心觀察，耐心等待，當契機來臨，妥善運用內外在資源，即可能找到改變的可能性。在絕望中不放棄希望，在經歷寒霜徹骨時，仍不忘聞撲鼻香。這樣的境界，正如哲學家卡繆（Albert Camus）所言：

「我在嚴冬中看到夏日的一股暖流。」

05

家庭悲劇的再思（一）：壓力管理的觀點

　　人類自有家庭系統以來，家庭悲劇似乎從未中斷過。這當中，有以家破人亡、夫妻離異、妻離子散、親子反目、兄弟鬩牆等方式呈現。史上最令人唏噓的家庭悲劇之一，是 2001 年 6 月 29 日美國洛杉磯報紙頭版，一張五具棺木並排一起的怵目驚心的照片，令人震驚、憂心與不解。原來在休士頓的一位年輕母親，在 6 月 20 日一天之內，有計畫地將五個從七個月至七歲大的孩子，一一淹死在自家的游泳池裡，然後報警自首。喪禮中，悲傷的父親強忍失落之情，拿著孩子們的遺物，回憶著孩子們的生前故事，說：「他們不但是我的孩子，也是我的朋友……」

　　透過電視轉播，千萬個美國家庭為之動容，聞之令人鼻酸，目睹者莫不淚水打轉。然而，家庭悲劇依然不斷在全球不同種族、文化、地域中出現發生，且愈演愈烈。

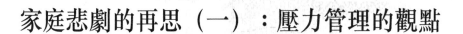 探尋原因

　　家，是愛之窩，是孩子身心成長奠基的地方。曾幾何時，家，竟然成為殺戮戰場，真叫人情何以堪。這種家庭會傷人的新聞，幾經一

再的演變，正以不同的型態，陸續地上演著。

　　從家庭壓力的觀點來看，一個悲劇的產生，必然有其遠因、近因及導火線，三者環環相扣。在一般家庭中，當遠因產生並持續存在、沒有解決時，便開始累積爆發的能量；而近因的發生，更激化這些蓄勢待發的能量；最後，導火線的出現，便成為扣板機的動作，累積多時的能量一時之間全爆炸開來。其威力之大，足以陷家庭於萬劫不復中，造成無法補救的傷害。

　　根據相關的新聞資訊得知，前述案例中孩子的母親在七年內生下五個小孩，她是專職的家庭主婦，除了生育、養育子女之外，還扮演著教育的角色功能。白天，小孩並未入學幼兒園，而是留家教育（home schooling），因此，她身兼教師及保母的角色；晚上自己帶小孩，她既是母親，又是保母。這種日以繼夜、夜以繼日的過度黏密關係，令她沒有喘口氣、歇一歇的自主空間，而承受著超過常人所能負荷的壓力。這就是這件家庭悲劇事件的可能遠因及近因。

　　接著，她的父親最近過世。這種親人過世的失落感、哀傷、怨尤等心理反應，可能引發她的沮喪、無助、懊惱，卻因無處宣洩而壓抑在心；而小女兒的出生，也可能使沮喪的後遺症更加惡化，因而面臨屋漏偏逢連夜雨的兩難困境。我們固然不確定家庭悲劇的導火線為何，但接二連三生活中的變動，或不斷累加的生活事件壓力（生兒育女、父親過世、家事勞累……），均可能成為意外事件的觸媒，成為壓倒駱駝的最後一根稻草。

　　總之，家庭會傷人是不爭的事實，但家庭悲劇的發生是否可避免？答案則是肯定的。由於家庭是全家人居住、生活、成長的地方，久而久之，家人的互動方式與內涵自然形成一些習慣性的反應行為，例如：情緒表達、溝通方式、氣氛轉變、抉擇型態等。因此，家庭悲

劇的加害者，通常只是藉由這些行為來凸顯「家」的問題罷了。不幸的是，加害者的反應行為一般都是情緒失控下的產物，由於摻雜太多原始、強烈的憤怒情緒，因此容易造成永久性的傷害和遺憾。

✳ 防患之道

從家庭系統來看，防範類似家庭悲劇最直接、有效的措施有二：

一、經營親密的家庭關係。此一關係在家庭生活中的特徵是：相互體諒與擔待；同理了解與接納；順暢溝通與分享。具備這些特徵的家人，在平日即能表現相互疼惜的愛憐之意；孩子是父母的朋友，夫妻間更是最好的朋友與支持者。夫妻兩人都不會讓對方獨自苦撐這個家而至心力交瘁，而會二人同負一軛，一起分憂解勞，同心同行。

二、建立清楚的人與我的界線。有了清楚的人我界線，家庭生活的特徵是：家人相互了解彼此的感覺、想法與需要；容許個體的獨立自主，卻不以自我為中心；能表達情緒感受，更能為自己的情緒、行為負責。具備這些特質的家人，在扮演家庭成員的角色任務上不僅能分工合作，更能在自己的職責與義務上分層負責；了解夫妻是一體，但各自擁有自己的思想與情緒空間，以及抉擇的自主性；家人的感覺、想法是透明而不隱瞞的，夫妻的需要是可以被接納和尊重的。

✳ 浴火重生

每一個家庭都不會是百分百的美滿，正如每一段婚姻也不會永保激情與愛戀。當婚姻年齡漸長，家庭生活不免出現多種壓力事件時，夫妻如何回到婚姻的誓言，重拾盟約：願意一生同心同行、不離不棄、面對困境、永保希望，這正是聖經所揭櫫的「愛的真諦」：

「愛是恆久忍耐，又有恩慈；愛是不嫉妒；

　愛是不自誇，不張狂，不做害羞的事，

　不求自己的益處，不輕易發怒，不計算人的惡，不喜歡不義，

　只喜歡真理；凡事包容，凡事相信，凡事盼望，凡事忍耐。

　愛是永不止息。」

06

家庭悲劇的再思（二）：生命教育的觀點

書寫完〈家庭悲劇的再思（一）：壓力管理的觀點〉後，仍覺意猶未盡，尚有論述空間，遂從生命教育的觀點著墨，期待更多人從中獲益。

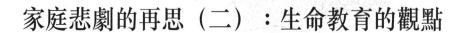 家庭的挑戰

駭人聽聞的彰化二林鎮洪若潭一家五口焚化爐自焚事件，雖已年代久遠，其所呈現撲朔迷離情節，仍留下諸多的揣測與聯想。當時洪若潭夫婦陳屍於自家小型焚化爐，並留下遺書，宣稱已將其子女三人殺害焚屍，骨灰拋入海中，警方隨即在洪若潭轎車腳踏板採集到海砂及碎石子，但是並未尋獲三名子女遺體。最後警方以失蹤人口簽結三名子女，並於三名子女失蹤後滿七年宣告死亡。令人不解的是，洪家三名子女生死成謎，是否如父親遺書所言，骨灰已磨成粉，撒入大海？若所言屬實，三名成年子女如何能順從父親意旨，坦然面對死亡？或經「加工自殺」死亡？

人的一生要面對許多不可避免的人生大事，如：生老病死的處境、窮達順逆的際遇，以及悲歡離合。每遭遇一件大事，都需要付出

心力與代價，才能走出困境，開創新局。個人要面對這些變故已屬不易，一個家庭要妥善因應困境，難度更高、變數更大。因此有志之士雖大聲疾呼：性別平等、生命教育、家庭防暴，然而家庭悲劇非但層出不窮，且變本加厲。眾所皆知，家庭悲劇的發生，有其文化、社會、家庭，乃至個人的因素在內，因此，家庭悲劇的防範恐難從單一層面作論述，而需從更寬廣、更深層的生命價值與意義的視野去省思。

✳ 孩子的全人教養

家庭悲劇既然會碰觸到生命的價值與意義等形而上的層次，因此「人的定位」便是探討的核心。依理而論，人的定位奠基在：天、人、物、我四個面向的實存與關聯性，並由此四個面向衍生出：人與我、人與人、人與環境、人與自然、人與宇宙的關係。確定自己在各面向的關係，人才有希望找到安身立命之處，並由此累積人的存活智慧，從根本上解決家庭悲劇的問題。可見，在家庭教育中，從小培育孩子養成下列觀念與態度是必要的：

一、**人與我的和諧關係。**教導家庭成員不僅要認識自我、找出真我，也要發展潛能去實現自我，以活出亮麗的生命色彩，並使家庭成員養成疼惜自己、珍惜自我的觀念。

二、**人與人的共融關係。**在生育、養育、教育小孩的過程中，滿足其被愛的需要，累積人際互動的正向、美好經驗，進而使家人重視人與人之間的倫理關係，尤其明瞭群己關係及公共道德的重要，關懷弱勢族群，以創造和諧、利他的人際關係。

三、**人與環境共生的關係。**營造接納、尊重、溫暖與關懷的家庭環境，使家人生活在溫馨、人性化的支持系統中，奠定成長的基礎。

其次，培育家人社區的意識，珍惜生存環境，實踐環境保護的理念，並擴及關懷家園、社會、國家、全球相關的事務。

四、人與自然共存的關係。鼓勵家人接觸大自然、樂於親近大自然，進而培養民胞物與的胸懷，尊重生命的多樣性及大自然生命的節奏和規律性，使家人有親近生命、關懷生命的體驗，以維持一個永續、平衡的自然生存環境。

五、人與宇宙共容的關係。引導家人思考上帝（神）、人、宇宙的關係，了解人的有限，認識上帝的大能。進而釐清自己的人生方向，擬定自己的終極關懷，以宏觀的視野去審視人類存在的意義和價值。此外，關心人類危機，建立地球村的觀念，以活出全方位的生命觀。

✷ 圓融的關係

為建立上述圓融的關係，在家庭生活中，可透過下列方式來實踐：

一、生活化原則。在每天的生活中，落實愛人愛己、互助合作、惜福愛物的觀念，使之成為行為習慣。

二、整體化原則。建立家人互為一體的觀念，重視家庭生活的品質，注意家庭個別成員需要的滿足，養成有苦同當、有福同享的心理素質。

三、適性化原則。依小孩成長發展的認知能力，提供合適的機會教育及家庭教育，以養成對家庭、社會、國家，以及個人、環境、宇宙、上帝的正確觀念與態度。

四、多元化原則。家庭生命教育的內涵並非一成不變，最佳教材充滿在我們四周的人、時、地、事、物中，因此，可透過父母與子女

間多元的參與，作長期性、漸進性、全面性及創造性的永續發展。

五、統整性原則。統整家庭與社區資源，建立相互支持的人際網絡，營造有利於學習、成長的理想環境。

期許一個生命教育的觀點，能翻轉個人生命的價值與意義，進而提升家庭功能，減少家庭悲劇的再發生。

07

再思家的意義

　　前文從壓力管理及生命教育的觀點探討家庭悲劇的議題，感覺尚有論述空間，亟待補充，於是正本清源再思家的意涵。遂在大學部的通識課程中，讓大學生三人一組，以家為主題，集體創作「家」的意義。經過腦力激盪、集思廣益後，得到下列結論：

「家是安全的堡壘。」

「家是避風港。」

「家是社會地位的象徵。」

「家是親人相聚在一起，相互傾吐痛苦與歡笑的地方。」

「家是一生的起點和終點。」

「家是相愛，也是傷害最深的地方。」

「家是長大的地方。」

「家是第一個人際關係的場域。」

「家是……」

✳ 家的意涵

這些觀點，當然只代表一小部分大學生對家的觀察和體驗，但從描述內容中不難發現，大學生大多從功能性的角度探討家的意義，而較少觸及家的內涵與結構性。事實上，家，至少包含三個層面的意義。

第一個層次的家為住家（house）。其意涵所指的是：住家有三十坪、採光良好等物理空間。除非持續用心經營與情感投入，否則住家永遠是住家，不可能成為真正的家。

第二個層次的家為家庭（family）。所指的是：我家有四口人、因婚姻血統或收養等關係而構成的團體，由此團體而形成家庭。一旦家人不住在一起或住在一起卻不能同心，則家的意義與功能可能變質或消失。

第三個層次的家為家（home）。例如：我家很溫暖、家人相愛著。家是人類生活中最重要的場所，它不僅提供物理環境的舒適，也提供心理環境生存所必需，因為它是每個人心理意義發展的中心。

換言之，當售屋廣告說「富人居住的豪華住宅」時，所指的是住家，不一定是家；同時，當廣告內容為「豪宅五口人，享用百餘坪」，所指的是家庭，也不一定是真正的家，除非有情感的聯結。因此，當我們說：「伯大尼育幼院的小孩很幸福，他們在愛中長大。」所指的反而可能是真正的家，因為那是一個集合多人心力，持續維護、經營與投入愛心，並產生心理意義的地方。

✳ 家的功能

綜合上述觀點，家的意義可以歸納為：

- 家，提供安全感並滿足愛的需求。
- 家，是個人理想與價值的孕育場所。
- 家，是塑造個人經驗的居住環境。
- 家，是提供永恆感與連續性的地方。
- 家，是與親友交流的場所。
- 家，是身心活動的中心。
- 家，是外在世界的避風港。
- 家，是社會地位的象徵。
- 家，是一個實質的生存空間。
- 家，是一種擁有權的所在。
- 家，是經驗第一個人際關係的場所。

對現代人而言，家的觀念顯得分歧而多元。若以目前的社會現象而言，不可否認的事實是：家庭觀念日趨淡薄，家庭意義日益模糊，家庭情感逐漸疏離。從目前離婚率節節上升、家庭悲劇層出不窮、父子反目成仇、夫妻關係緊張對立、兄弟鬩牆互控傷害等事件的發生，足可支持這些觀點。

✳ 家是心靈的歸鄉

我曾在學校中任職學務主管，專責學生訓輔工作。每每在寒假過年前、除夕前兩三天，習慣性會在校園幾個景點趴趴走。經驗告訴我，當期末考結束，宿舍關舍，還留在校園的大多是研究生、專題生、工讀生。除此以外，通常還留校的同學，幾乎都有一些個人因素或心情故事。我常問他們：「快過年了，何不回家？」或「何時回家？」以下是極其熟悉的對話：

「同學，準備何時回家？」

「回家？我還要再想一想！」

「回家，怎麼還需要再想一想？」

「要想想回哪一個家？父親的家？母親的家？或者是爺爺奶奶的家？」

「哦！同學怎麼了？」

「父親再娶，母親再嫁，爺爺奶奶年紀大了，雖然他們對我不錯，都歡迎我，不過不論去哪一個家都太麻煩人家，我還是留在這裡看看書。反正過年就這麼幾天，寒假這麼短。」

對於這些有家歸不得、甚至無家可歸的人而言，家，不過是午夜夢迴時在遙遠的意境中，一群既熟悉又疏遠的家人，生活在一個可能寬敞卻極度孤單的住宅空間罷了。這樣的住家、家庭，似乎離我們很近，也不陌生；而有生命聯結、心靈相通、真誠相愛的家卻離我們很遠，也很生疏。

有人說：有家歸不得叫「故鄉」，

有家到不了叫「夢鄉」，

「故鄉」也好，「夢鄉」也好，

家，應該是孩子們心靈永遠的「歸鄉」。

08

職場停看聽：上班族壓力調適

> 我如蠟燭的兩頭燃燒，熬不過今宵；
> 但是，敵人哪，友人哪，這蠟燭卻發出可愛的光！
>
> St. Vincent（1982～，美國歌手）

　　人類進入二十一世紀——一個後現代、無序卻又高度鋪陳競爭格局的年代中，人類最可怕的敵人之一就是壓力。壓力的魔掌遍及社會每一層面，由老至少無一倖免。更嚴重的是，很多人身受其害而不自覺，無數男女的生命、心靈、家庭、健康、精神都慘遭摧殘，而付出難以估計的代價。因此，在職場上，學習有效的因應策略，便成為現代人的重要籌碼與生存之道。

 壓力與反應

何謂壓力？

「壓力是身體對於加諸於他的刺激，所產生的無法控制的反應。」

「壓力是身、心、靈失衡的狀態。」

「壓力是刺激與反應的結合及其結果。」

「壓力是腦力、心力、體力耗損而失去安適的狀態。」

一般而言，身體對壓力的適應機能可分為三個階段：警戒階段、抵抗階段、衰竭階段。這些階段說明壓力是個體的調適歷程。有時，壓力與疾病是互為因果的，例如：壓力導致身體的病變，病變則造成更大的壓力。常見因工作壓力造成身體的症狀包括：潰瘍、偏頭痛、背痛、氣喘、皮膚病、高血壓、失眠；更嚴重的疾病為：冠狀動脈心臟病、糖尿病、免疫功能衰退而致癌等。心理上明顯的症狀包括：緊張、焦慮、害怕、恐懼、暴躁、易怒、記憶衰退、僵化、無意義、枯竭等。

✳ 因應之道

一般上班族常見的因應之道有兩種：一為離開工作情境，稍稍舒緩一下；二為萃取別人的經驗重振雄風。這兩種因應之道不是不好，而是各有其效果限制。依理而論，最理想的因應之道，應該是全方位壓力管理，亦即在生活情境、認知層面、情緒層面、行為層面、生理層面作有效的因應（潘正德譯，2004）：

一、生活情境。生活情境的妥善管理，有助於壓力源的減少，或避開不必要的壓力。

- 適量地吃：過量地吃，除了耗損食物外，更造就肥胖、過重。適量而簡單地吃喝，吃飽了就離開餐桌，別繼續耗時、費力、浪費資源。

- 慎選節目：一般人習於坐在電視機前，任由暴力、犯罪、凶殺、偏激的政論等節目映入眼簾而不自知。本身工作壓力不但沒有消除，節目引發的負面情緒反而深植人心，加劇心情惡化。

- 社會支持：家人的互相體諒、包容、接納，及知心好友促膝長談產生的心理支持、心境轉換，常是工作壓力紓解的有效方法。

- 避開噪音：久處 90 分貝的噪音下，容易造成煩躁、不安的心情。辦公室內充滿愉悅、寧靜的音樂，可以改變工作氣氛、轉換心情、提高工作效率。

- 簡樸生活：生活的單純化、簡單化，既省時又省力，使人更有閒情逸致享受生活樂趣。

- 心靈空間：不論在辦公室或家庭中，每個人均可為自己保有一個短暫的心靈空間。此一空間可以帶來平靜、安穩與滿足感。

二、認知層面。面對工作壓力，認知重建，可以紓解部分壓力。

- 正向思考：人的本質是由思想的內涵所構成，因此聖經箴言說：「因為他心怎樣思量，他為人就是怎樣。」學會正向、積極思考，能有效平靜心情，客觀、理性地正視事實，面對問題、解決問題。

- 悅納自己：盡可能接納自己，接受自己的身材、長相，接納不完美，這是減少壓力的重要法則。

- 合理期待：公務與家事是永遠忙不完的，不要希冀短時間完成大事業。改變追求完美的個性，事事追求完美，只會自討

苦吃。

- 自我控制：找回控制感是面對壓力的主要方法。一個人的性格特質中，如能在觀念上培養「3C特質」：駕馭感（Control）、使命感（Commitment）、挑戰（Challenge），則較能擁有自我控制的能力，化解工作壓力。

三、**情緒層面**。當情緒被喚起時，適時健康地疏導。

- 健康宣洩：飲酒作樂、沉迷KTV或Pub都不是健康的紓解方法。與自己親近的人分擔、分享，才是健康有助益的情緒宣洩方式。
- 同心同行：夫妻之間、同事之中或男女朋友，如能培養共同嗜好，規律運動，可改變心情，提振情緒。
- 書寫心情：書寫日記，在網路中post心情給老友，或存檔自己的感受，等雨過天晴，重讀文本，必有莞爾一笑的效果。
- 轉移分散：長處情緒當中，心中必然鬱卒。有時，看部詼諧、幽默的電影或小說，均可暫時轉移或紓壓。

四、**行為層面**。過量的工作壓力會造成身、心、靈的虧損，有時也會引發行為失控，下列方式可參考運用。

- 避免自責：行為失控後的第一個反應常是自責、不安。過度自責具有明顯的殺傷力，懊惱、自我懷疑、疏離等反應常造成更大的壓力源。
- 適度休息：行為失控代表壓力因應亮起紅燈，意味著承受的壓力已近飽和點，休息是為走更長遠的路，養精蓄銳後再出發。

- 放鬆訓練：透過深呼吸、默念一至十、自我暗示、體會肌肉的鬆緊等放鬆活動，均有助於放鬆肌肉或心情。
- 靜坐冥想：簡單的靜坐冥想，目的在澄清思慮，探尋思慮根源。口中默念數字，或自我暗示放鬆，均能透過簡單操作，達到寬心自在。

五、生理層面。經過上述壓力管理，若未改善，可能造成生理不適，甚至生病，此時的因應方式如下。

- 感恩惜福：生病最大的好處是有理由可以休息，且可以體會健康的寶貴。感恩惜福有助於找到新的動力。
- 養生祕訣：善待自己的身體、定期保養、健康檢查是最好的養生之道。平時攝取均衡的營養，多量的蔬果、清淡食物及補充維他命 C、E 和鈣質均是增強免疫力的好方法。
- 尋求協助：人自小即需要歸屬感，需要被愛、被接納，若這些需求長久無法滿足，將使已生病的身體更加脆弱。此時，尋求專業心理支持或醫生的診治是必要的。

✳ 活水泉源

但願每一位在職場打拼的上班族，因著全方位壓力管理調適得宜，更能樂在工作，體現朱熹〈觀書有感〉的意境：

「半畝方塘一鑑開，天光雲影共徘徊。
問渠那得清如許，為有源頭活水來。」

09

從創傷後壓力症候群看媒體的社會責任

　　新型冠狀病毒肺炎（COVID-19）自 2020 年 1 月爆發後，陸續蔓延到全世界。全球確診感染人數持續上揚，死亡數字已超過百萬人。疫情持續延燒，從中央流行疫情指揮中心每天的疫情公布記者會，透過電視媒體即時深入每支手機以及每個家庭。疫情訊息逐日更新，固然帶來透明化、即時性效果，但在社會大眾心理埋下陰霾的種子，產生的負面效應亦逐漸擴散。從各大醫院精神科門診病人快速增加兩成、人際衝突社會新聞時有耳聞，可見一斑。

✳ 創傷後壓力症候群

　　新型冠狀病毒肺炎的侵襲，與 911 美國紐約世貿大樓遭到恐怖分子劫機撞擊倒塌、917 納莉颱風肆虐、921 大地震，同屬於天災、地變、人禍的重大創傷壓力事件。這些事件普遍使人感到害怕、無助、恐怖、緊張，甚至沮喪。親身經歷或間接目睹一個真正涉及死亡的威脅或嚴重的創傷事件後，緊接著出現的身心症狀或反應，即是所謂的「創傷後壓力症候群」（Posttraumatic Stress Disorder, PTSD）。

　　創傷在最開始時，只是每天持續不斷的一股壓力，最後卻成為劇

烈的痛苦，對身心造成莫大的傷害。重大事件創傷壓力通常會在事件發生後二至四天之間出現，在心理及生理上產生極不舒服的現象。文獻顯示，約有 85% 的緊急事件工作者，如：警察、消防隊員、醫療人員、救難人員、心理助人工作者，都曾有過職業創傷的經驗。若繼續暴露在威脅生命存亡的創傷事件中，心理上便會產生巨大的沮喪和長期的倦怠，因而撕裂、改變個人的信念與生活。如果媒體持續對創傷事件加以報導，則會加深上述人員的病情，使之嚴重惡化，而難以紓解「風吹草動」的警覺狀態，及揮之不去「歷歷在目」的夢魘。

✳ 媒體的濫觴

對一般人而言，創傷事件亦會產生震驚的漣漪效應，它不僅有感染力，同時有穿透力。當媒體一再播出創傷事件時，均會使受害者再次被提醒創傷的記憶，而使痛苦的思緒活絡過來；經媒體一再的明示或暗喻，也會使非受害者有「身歷其境」的錯覺或過度類化的「擴散效應」，而使非受害者同樣陷入創傷的陰霾中。

言論自由與出版自由是我國憲法所保障的基本權利，而新聞自由是在言論與出版自由所保障的範疇內。但新聞自由亦建立在維持資訊流通的基礎上，這正是人民「知的權利」的真諦。創傷事件的再三報導或畫面重播，雖屬公共事務，但不涉及資訊的流通與否，因此並不能成為知的權利下正當化報導行為的理由。報導創傷事件的新聞，是人民「有權利」知道的事；但重複報導的舊聞，充其量只是人民「想知道」的事，這並非媒體的職責所在。不過，當意識形態、收視率、閱報率或個人好惡成為新聞取捨的標準時，上述簡單易懂的道理就變得複雜而詭異了。

✹ 媒體的責任

媒體除了善盡言責之外，其社會責任應該是真實、適時、適量地報導社會大眾有權利知道的事。為了「真實報導」，除了 5W1H 的新聞寫作內涵外，宜加上事後問題解決（problem solving）或因應策略（coping strategy）的議題，使讀者有方向、有路可走，適時脫離心理層面的困境，以免沉溺在創傷的情緒而不自覺。此外，為了「適時報導」，除了搶新聞、爭時效外，也應有創傷後壓力的概念，適可而止，不宜歹戲拖棚，一再重播，強迫大眾接收創傷的畫面。最後，為了「適量報導」，宜採平衡、正反兩面的解說。在悲慘的天災、人禍後，穿插一兩則溫馨感人的事件，例如報導某一地區遭遇水淹、土石流侵襲的新聞後，加入災民回饋救災人員的善行——遭遇桃芝颱風受災的教會送愛到台北，一批批原住民投入賑災的新聞，使社會大眾有較持平的看法；少數媒體在報導不幸事件的同時，搭配跑馬燈提供心理專業協助的資訊等。這些都是具有創傷壓力理念的平衡報導。

總之，媒體的社會責任已從傳統善盡言責的監督角色，與時俱進，提升至成為民眾身心健康的守門人。一旦媒體記者與社會大眾均能因創傷壓力事件有所學習並自律，便是台灣社會進步的象徵，也是媒體工作者專業成長與成熟的展現。這即是現階段媒體的社會責任。

10

另一個不為人知的生命故事

難得一次的倫敦之旅，刻意安排蘇格蘭之行，探訪一位從台灣遠赴英倫的熟悉朋友——藍逸明宣教士。我們相約在愛丁堡（Edinburgh）的假日旅館（Holiday Inn）見面。火車從倫敦出發，往北四個多小時即抵達愛丁堡，我們比預期的時間早半小時住進旅館。孩子們已迫不及待地在旅館大廳等待他們的藍阿姨到來。不久，一輛紅色的小型車緩緩駛進旅館的前院停車場，駕駛人正是藍宣教士。孩子們一擁而上，幫忙提領行李兼帶路。藍宣教士一臉歉意表示：「剛考過駕照，技術生疏，一小時的路程多花半小時……」不過她很開心，也很興奮，看到台灣來的老少朋友，加上三天假期相聚的時間，有說不完的話題，也有解不完的鄉愁思緒。

✳ 蘇格蘭之行

隨後，在三天兩夜結伴蘇格蘭旅遊行程中，她如數家珍地述說她工作的內涵：和格拉斯哥（Glasgow）的猶太人作朋友，幫助他們解決生活上的難題，並向他們分享生命意義，傳揚福音信仰。她說：「當地的猶太人大多數是第二次世界大戰結束後從中東地區移民至英

國，他們常見的問題有角色認同混淆、歸屬感危機，加上喪偶單親的孤寂鬱悶等。這些問題與早期政府播遷台灣時，老一輩的人所遭遇的大時代悲劇產生的心理調適問題極為相似。」在幫助他們的過程中，她經常自發性地反思自己的國家與社會。這種感受既真實又令她悸動。她從未想過，從小到大，從國內到國外，從過去成長的過程所了解、熟悉的族群問題，竟然在二十年後的今天，在實際接觸、深入猶太人的社群中，助她一臂之力，更能感同身受猶太人所承受的「動盪世代不安定」之苦，因而更能貼近他們內心深處陪伴他們。每每想到這些，她更是感謝上帝，上帝早已預備她、裝備她，成為許多猶太人的好幫手。

她表示在每一次和猶太人相處的際遇中，隱約發現認同與歸屬問題使得猶太人在生老病死、生離死別等人生大事上增加不少難度。因此，在嘗試一般人的解決方法之外，她也想盡辦法把福音真理分享給他們，讓猶太人有從天上來的智慧，解決自己的問題，並在傳統思想與情感之中，注入靈性關懷的助力。從點滴心得的分享，可以深刻體認她對猶太人的用心良苦、全人的關懷，和永不放棄的堅持。

✳ 宣教士的腳蹤

「獨在異鄉為異客，每逢佳節倍思親。」可以描述許多停駐在異國他鄉者的心聲。在逸明宣教士的身上，固然也有這種鄉愁、思親的時刻，但鄉愁也好，思親也好，屢屢被另一種超乎人世間的愛所昇華並取代。那是一種被上帝的愛所感動，所觸摸到的滿足、盼望與喜樂。由這股愛激勵出一股能力和動力，讓她能繼續在蘇格蘭的格拉斯哥，一本初衷，陪伴並幫助許多猶太人。二十多年來，她熱忱未減，負擔不變，異象仍在。在互動過程中，我找不到合適的字句諸如「辛

苦了！」「好難得！」「真是為難妳了！」等庸俗的對話去安慰她、鼓勵她，這些似乎變得多餘而隔靴搔癢。她常說：「上帝的恩典夠我用！而且，台北的朋友、弟兄姊妹的關懷，比我付出的超出太多太多了！」

「要是我能更深入了解猶太文化中的家庭關係，或某些特定的價值觀，並且在英文表達上更流暢，也許可以做更多。」聽到逸明的感觸，心中著實不忍。她那流暢的英國腔英文，連「老英」都誤以為她是土生土長（native）；而她對猶太文化中「家」的認識，亦令人讚佩。似乎在她的心目中，有許多自我期許，以及未完成之事一般。眾所周知，猶太人是既傳統、又保守的一個族群，若想改變他們，談何容易？逸明早有所了解，然而，她卻「明知山有虎，偏往虎山行」。一個纖弱的女人，拋棄為人師表的教師角色，隻身前往異鄉服事、陪伴猶太人。多少個大雪紛飛的夜晚，零度下的蕭瑟天候、鄉愁、親情、工作的挫折、失敗，常襲上心頭。就一般人的價值觀而言，不禁要問：所圖為何？

✳ 繼續上路

三天兩夜的相聚，彌足珍貴。美好的時光總是過得特別快。到了分別的時刻，孩子十分不捨，問她何時返台，相約台北相聚。大夥準備離去時，蘇格蘭特有的急風細雨飄起，旅館座落海邊，更形淒冷。逸明整理行囊，不時用爽朗的笑聲一一向孩子道別。她小巧的新車亦將上路，駛回格拉斯哥繼續她未完的工作，以她東方人嬌小的身軀繼續努力，和顏悅色但語氣堅定地告訴每一位遇到的猶太人：「平安！耶穌是救主，祂愛你！」對她遇到的每一位猶太人而言，她真正做到陪伴與賦能。

在開往倫敦的飛快火車上，我的思緒緩緩倒帶，她的言談、分享、心志猶然在耳。我稍稍能體會她的心情，正如美國詩人佛洛斯特（Robert Frost）的名言：

「在天黑安歇之前，還有許多路要趕。」

這又是另一個不為人知的生命故事。

11

從教牧輔導觀點看憂鬱症患者的輔導

　　憂鬱症被稱為本世紀三大疾病之一，有人稱之為藍色風暴。固然憂鬱症真正的流行率至今仍有些爭論，但不可否認憂鬱症已成為精神疾患中相當常見的一種疾病。研究指出，在不同的族群中，憂鬱症的發生率可以從 4.9% 到 24.4%。眾所周知，憂鬱症帶給人們諸多層面的影響，例如：降低生活的品質、影響人際的互動、社會功能無法正常發揮等，甚至研究顯示憂鬱症和自殺的議題有 40% 至 80% 的高度相關。上述種種影響，讓憂鬱症成為社會極大的沉重負擔。學者指出，預計在 2030 年時，憂鬱症將成為導致全球失功能最主要的原因。因此，世界各國為了避免憂鬱症所衍生的許多問題，已將有效治療憂鬱症列為心理助人專業重要的議題之一。

✳ 整合的全人醫治

　　傳統上，認知學派或認知心理學派在憂鬱症患者的處理已頗有成效。不過，馬偕醫院精神科吳光顯醫師基於整合精神醫學與基督教信仰的觀點，認為若能融合現有各種心理治療技巧、藥物與基督教信仰來治療憂鬱症患者，更能達到「身、心、靈、群」的全人醫治，使治

療更具療效。這充分顯示融合信仰與心理及醫療專業的教牧輔導的特色。

　　一般教牧輔導對憂鬱症患者的處理，主要有兩個主軸，一是從鉅視的觀點，整合基督教信仰與憂鬱症臨床理論；二是從微觀的角度，指出教牧輔導中的原理原則。微觀的原理原則可放置在鉅視的框架上審視，而鉅視的觀點又可作為微觀的基礎，二者相輔相成、並行不悖。例如：Aron Beck（1976）的憂鬱認知三元論：毫無價值的自我（Self）、沒有珍惜我的世界或環境（World or Environment），及事情只會更糟的未來（Future），常被用以探討基督教信仰中可作為相對應處理的理論基礎。

✳ 教牧輔導的目的

　　依理而論，憂鬱症患者的憤怒、沮喪、低價值感的情緒感受，顯然和 Beck 的三元論有關。憤怒的反應來自於對過去經驗的否定，沮喪則是對未來悲觀反應的延伸，而無價值感則源於低落的自我價值。教牧輔導的目標是使患者明白神無條件的愛，這種被愛的感覺能提升病患的自我價值感，使其對自我有較正向的評價。此一過程包括：教導受輔者正確的認知，以合乎真理（事實和邏輯基礎）的思想取代扭曲的認知。但最主要的依據乃是聖經中神的話語，因為聖經的真理釋放我們，叫我們得自由、得醫治。可見基督教教牧輔導的目的，就是要將神的形象或圖象注入人的內在認知結構中：

「求祂按著祂豐盛的榮耀，藉著祂的靈，叫你們心裡的力量剛強
　起來；使基督因你們的信，住在你們心裡，叫你們的愛心有根
　有基，能以和眾聖徒一同明白基督的愛是何等長闊高深，並知

道這愛是過於人所能測度的，便叫神一切所充滿的，充滿了你們。」（以弗所書第三章16～19節）

✴ 教牧輔導的特色

綜合上述觀點，將教牧輔導運用在憂鬱症患者的治療輔導上，具有下列特色：

一、不是我（治療者）行，而是上帝（神）能。教牧輔導使用的工具是：聖經與禱告。讀聖經的目的，是要使我們認識耶穌基督；而認識耶穌基督的目的，是要使憂鬱症患者認識福音（好消息）中的真神和祂的神性，進而與神建立關係。透過關係的建立，體驗被愛、被醫治的過程，藉以提高自我價值感，修補扭曲的自我形象；透過禱告，向神傾心吐意，紓解鬱悶的情緒，轉換心情。因此，輔導員扮演陪伴者、引導者、催化者的角色，而上帝則是直接的治療者（師）。

二、教牧輔導強調助人者的特質。在教牧輔導的過程中，憂鬱症患者有機會去了解並接受神的愛，進而經歷這位神無條件積極的關懷、同理的了解，及真誠一致的特質。每一位患者均可直接親近這位神，而神從不拒絕、不忽略，也不輕看這些人的需要。因此，受輔者對過去經驗負面的認知，可以得到完全的接納，心裡的憤怒、不滿，才能由饒恕轉為疼惜。對未來的沮喪，因交託、仰望而找到希望與活力。

三、教牧輔導重視同盟關係的建立。一般心理治療強調治療師和被治療者的同盟關係，沒有治療關係幾無療效可言。教牧輔導的治療過程會碰觸到：與神關係的恢復、認罪悔改、歸入基督、靠主而活等議題。因此，教牧輔導的同盟關係不僅是治療或輔導的關係，更是一種生死之交的關係。

四、教牧輔導是神、輔導者、受輔者鐵三角的夢幻組合。輔導者把患者帶到神面前，恢復或建立關係後，便形成如憂鬱三元論的三角組合，神在三角形的頂端，輔導者與受輔者分屬三角形之兩個底角。如此的關係凸顯出二者的關係非高—低、好—壞、優—劣、上—下、得救—罪人、輔導員—被輔導者的關係，而是平等立足點的人與人、生命影響生命的關係。

五、教牧輔導關切身、心、靈全人的成長與發展。一般的心理治療有如剝洋蔥的過程，每剝開一層即產生辛辣味道，令人感到不適，輔導員關切並審慎處理受輔者過去的苦與怨，或早年的傷害。而教牧輔導不僅關心這些傷痛的經驗，更關切永生的問題、生命的問題，與身心靈全人健康的問題。

由上可知，教牧輔導已為憂鬱症患者找到一絲絲亮光，也為心理助人者開啟了另一扇窗。

第三篇

心靈交流道

「真正的救贖，並不是廝殺後的勝利，

　而是能在苦難之中找到生的力量和心的安寧。」

——卡繆（Albert Camus）

　　人生的際遇，不一定會面對慘烈的廝殺，但面對不預期的挑戰則是在所難免。成為助人者或陪伴者，工作中常扮演開罐器（opener）的角色，每每在晤談室裡或各類職場，註定接觸自己或他人各樣悲歡離合、生老病死的人生大事。在陪伴助人的過程中，如何能超越諸多苦難，並找到生的力量和心的安寧之源頭，便是個人內心底蘊的修為與元素。這就是「心靈交流道」所傳達的意念和信息。

01

簡餐店的邂逅

　　平心而論，L'amour 這家咖啡簡餐店的裝潢、餐點並無特出之處。在辛亥路、羅斯福路與台大新生南路之間的文教社區裡，比裝潢，更華麗、更現代化者有之；比門面，更搶眼、更具規模者有之；比消費，更昂貴、更奢華者有之。但若比起香醇的咖啡及濃厚的人情味，其他商家可就瞠乎其後了。

✳ 意外的邂逅

　　第一次到這家簡餐店用餐，是帶著一點兒勉強的心理的。平時喜歡中式食物（特別是麵食），看到水餃、五花肉就會食指大動的我，一聽不是中餐又非麵食，難掩失望神情。只因答應內人邀約，只好將就些，免得落得為人父母的沒有好榜樣評語。意外的是，餐後供應的咖啡，大大刺激我的嗅覺與味蕾，引發潛在的口慾，於是，我們就被制約而成為常客了。

　　用餐的次數多了，和老闆逐漸熟絡後，知道老闆開業多年，有一定的客戶和營業收入，因此早已不把營利賺錢視為第一要務。過去，創業維艱，只為生存而工作，想盡辦法存錢；現在，品牌響亮，業績

良好，則是為生活而工作。開門營業，講究的是品質、品味。換言之，生存無慮，怎麼過生活、如何生活得更有意義才是老闆工作的重心。這是他的工作哲學與生活態度。由於出道甚早，並且用心鑽研，老闆在餐點與咖啡下的功夫極深，現磨、現煮的咖啡硬是有獨特的風味，令人垂涎三尺。相較於附近連鎖著名品牌的咖啡，實有過之而無不及。風聞而來的咖啡「尋芳客」絡繹不絕，老闆生性樂觀，樂意與人分享他的「咖啡經」，非但不把多年的絕活私藏於己，就連同行就教於他，他也樂意開誠布公，傾囊相授。老闆客氣地說：「相互切磋嘛！」事實上，鄰近商家的咖啡師傅，大多受過他的調教，且獲益良多。

✳ 無私的分享

有一次，用餐之餘，隨興聊到店裡播放的古典名曲。老闆對古典音樂情有獨鍾，且造詣頗深，選購的 CD 均是一時之選，若不是名聲樂家的演唱，便是著名樂團的演奏。在優美悅耳的樂聲中，品嚐美味的香醇咖啡，加上共同嗜好的心靈共振，交織成一片柔和的美感與圖像。熟絡之後，每次結帳，老闆總是主動減去零頭，並取出珍藏 CD 相借，並言明只要記得歸還，借期不限。

另有一次，老闆興奮地展示幾張風景明信片。由於與台大一路之隔，不少台大學生前來用餐，或喝咖啡想心事，或享受片刻寧靜，或構思心得報告。通常，老闆會視學生狀況，送餐前後伺機和學生聊聊。談及個人問題核心時，他通常不會預先下結論或給答案，而會先傾聽同學們的心聲和苦衷，接著從旁引導並以自己為例開導。最後，他會鼓勵同學再想想，想清楚了再決定，以免氣極敗壞做了決定，壞了大事。這些風景明信片，均是散居在國內外曾經與老闆促膝長談、

有緣相會的學生們寄來的謝卡或賀年卡。從老闆的眼神中，我意識到他多年來的工作成就感；而從他的神情中，我亦領悟到他真誠關懷與熱情的一面。這些特質，正是從事輔導助人工作者的基本要件，卻在簡餐店的老闆身上充分展現。

✴ 樂於助人

輔導諮商是一門助人的專業，因此，是以人為本、以人為主體的心理助人工作。每一個諮商理論與學派，都有一套人性觀，並據此人性觀發展其理論基礎，建構應用的策略與技術。Gerald Corey（2016）在他極暢銷的輔導鉅著 *Theory and Practice of Counseling and Psychotherapy* 中揭櫫有效能的諮商員應具備：自我認同、尊重與自我欣賞、認知與接受自己的有限性、了解受輔者的世界、真誠、對別人的福祉關心，及對自己工作的投入並從中獲得意義等特質。基於自己從事輔導工作多年的職業角色，我自然而然地將上述特質與老闆個人特質做了對照，我猛然發現，其中有許多相似吻合之處，令人難以置信。

✴ 不變與多變

時序的更替，為簡餐店的門面平添不少歲月的痕跡，然而不變的是，室內人文的氣息依舊盎然，杯裡的咖啡長久濃郁香醇。

進出簡餐店的次數已難以估算。在這裡，曾多次和家人餐敘、和內人談心小憩、和友人促膝長談、和特殊需要者面對苦難煎熬、和兩難抉擇者面對未來等。其中，最令人難以忘懷的是，曾和內人充當第一次、也是唯一的一次媒人，撮合一對美好的姻緣。本以為許多美好的事將持續在這裡發生，卻不料在 2019 年夏日，L'amour 突然打烊歇業。據稱，老闆生涯規畫轉換，忍痛退場。消息一出，最後一週，許

多久未謀面的客人都出現在店裡；或品嘗咖啡，或寒暄致意，或沉思默想，人人都想捕捉一點往日的情懷記憶。這應驗了德國諺語所言：「凡走過的必留下足跡。」

與簡餐店的邂逅長達三十餘年，在緣起、緣續、緣滅中，我也度過生命中的壯年、中年、老年。簡餐店不僅豐富我的生活內涵，更讓我領悟到生命中不變的韻律法則。總之，隨緣惜福，活在當下，是我們必要的修為。

02

研習變奏曲

　　由地下室的訓練室走出生產大樓，明月高掛天際，久未出貨使用的貨櫃井然有序地排列在遠處廣場。研習結束時，身處裁員陰影下的夥伴們相互加油打氣的話言猶在耳，目睹蕭條的景觀，雖是溽暑的夜晚，仍不禁自心底打了一個哆嗦。夜風迎面，心裡的涼意，不輸地下室凜冽的冷氣。

 在職進修

　　在學校推廣教育中心為這家大型企業主管開設的教育訓練課程中，我負責「生涯規劃」、「員工輔導」、「情緒與壓力管理」及「溝通與談判技巧」四個單元的課程。依不同的主題，我儘量結合理論與實務，做最充分的準備，期能有最好的教學展現。

　　教學相長是我從事教育工作一貫的信念。因此，在互動式的教學過程中，從中觀察、了解學員的反應，並據此修正授課方式與進度，是我的風格。從第一單元的講座開始，我觀察到學員在下班之餘，撥冗參加這樣的在職進修實屬不易。此外，我亦了解到這家大企業的既定政策：關閉部分生產線，技術外移，定時定額裁員。這些政策的實

施，對學員個人乃至家庭，造成很大的連鎖反應，因此，是近來每位員工既期待又怕受傷害的話題。

✱ 不確定的焦慮

由於每個單位的最高主管領導風格不同，有些直截了當說明在既定政策下執行的時程；有些專注員工的福利，用心解釋遣散費的發放；有些則語多保留，不願多談，靜觀其變。於是上千員工，人人籠罩在一片不確定感當中，一有風吹草動，即以訛傳訛，爭相走告，弄得風聲鶴唳，擾人心神。基層主管對本身的去留已方寸大亂，又要耐心安撫員工，其內心的煎熬，壓力之大，可想而知。難怪有些主管表示：「白天上班安定人心時展現一個我，下班回家安慰妻小時又是另一個我，只有半夜醒來失眠才是真正的自我。」

一般人在高壓力下，失去「自我界線」，產生齒唇相依的患難與共心理，是極其自然的現象。事實上，學員已分不清是帶著自己的期待或基層員工的需求來上課。於是，在教學過程中，我幾乎無法照本宣科、按講綱解說，只要講授內容觸及他們心中的痛處，隨時都會有問題被提出討論。討論不一定有共識，但至少紓解不少心中的壓力與情緒。

✱ 與心靈對話

每個單元的授課，除主要架構內容不變外，其餘細節內容多處均予刪減。整體而言，上課中不少時間是用來進行所謂的「團體輔導」。例如：在「生涯規劃」單元中，談及生命曲線，在探索過去的成就經驗時，大多輕而易舉，但在現況的分析及未來的規劃上即出現許多心情故事；在「員工輔導」單元中，自然引發了「萬一被裁員了

該怎麼辦」之類的話題；在「情緒與壓力管理」課程中，「失業時如何管理壓力」是最被關切的重點；在「溝通與談判技巧」單元中，「如何在就業面談中取勝」亦是熱門話題。

當然，這類的討論不一定能得到一致的答案。不過，我試圖引導學員去體會談論發問者本身心中的感受，和問題背後的想法。換言之，除了同理發言者的感受外，也順勢澄清問題、想法、情緒間的關聯性。接著，我會鼓勵成員換個角度想，探討有沒有可替代的方案，或可行的措施。最後，再引導成員相互同理、支持並回應。如此一來一往，好不熱絡。平時見面只有客套一番的同事，竟能耐心傾聽、相互支持，產生一股助人助己、人飢己飢的溫馨氣息，與相互鼓勵打氣的熱力和動力來。在傾聽、反芻、敘說之間，一個更寬廣的思想空間便向我們開展，使我們脫離自我的設限，鏈結不同的處境與心靈。這種與人相遇、相會的經驗，既出自善心，又是美意，真是美好。這絕非當初課程規劃的原始目標，而是因應此時此地（here and now）學員的需求轉化而來的替代性目標。這樣的研習，像極了即興演出的變奏曲。

✳ 歸途

車子飛快地駛離林口交流道，充滿鵝黃燈光的台北夜空已不遠。此刻，我對研習中自我角色的認知，有點模糊和混淆。教授？輔導員？生涯規劃師？催化員？講員？心理師？其實，這些都不重要了！就當自己是個陪伴者好了。在生命歲月的某個短暫時刻中，陪伴一群為工作付出、為保住工作努力、為維護家計打拼、為即將失去工作而無奈的夥伴們，是多麼有意義的事。寄語身處被裁員不確定感陰霾中的夥伴們，不要輕言放棄。正如大仲馬在鉅著《基度山恩仇記》裡的

名言：

「我親愛的孩子們啊！別放棄生命的歡樂，不要忘記在上帝把答
　案告訴我們之前，人類一切的智慧只存在於『等待』與『希
　望』之中。」

03

大小黑森林

生命中曾和兩個黑森林有過某種意義的聯結：一個是德國大黑森林；一個是住家附近的小黑森林。

 **大黑森林**

德國黑森林（Schwarzwald）坐落在德國西南角，和法國、瑞士接壤，是一個和緩的高原，境內多為墨綠針葉林，遠看有如一片黑幕而得名。整個區域涵蓋南北約 160 公里，東西 30 至 60 公里，境內多處滑雪場、景點、山谷、湖泊及小村莊。

第一次拜訪黑森林，僅沿著一條南北向的景觀道路，由北往南行駛，雖未深入探訪各個景點，但沿途的風光已足以引人入勝，叫人心曠神怡了。更吸引人的是，有德國司機兼導遊可漢先生的同行。車子一進入黑森林地區，他便眉飛色舞、不厭其煩地解說他和每個景點的關係和際遇。

可漢是一個短小精幹、自認十分機敏的人。他自小不愛念書，卻是個野外運動及求生專家。廣大的黑森林原野，便是他成長的場所和揮灑自如的空間。年少時，他常在週末帶著營帳、炊具及自己設計的

捕獵動物器材進入黑森林，兩、三天後再帶著獵物回到家中，和家人共享成果。長大後，他每每利用長假，備妥更多器材，開著休旅車，一進入黑森林便是五、六天，甚至一週。由於攜帶殺傷力強大的獵槍，可漢大多在夜晚時分，利用白天預先觀察好的地形選定地物掩護，獵殺動物。可漢眼力極好，槍法神準，少有失誤，每次入山斬獲甚豐。雖然如此，他個人遵守不變的原則是：不殺雌性動物，不擒保育動物，不破壞生態。因此，每次進出黑森林，除了獵物外，他不帶走一草一木，也不留下任何垃圾或汙染。在可漢的敘述裡，黑森林是他心中永遠未受汙染的聖地，像極了時時伸開雙臂的母親，接納、擁抱、撫慰所有的心靈。遙望黑森林，墨綠色針葉林裡透露著幾許神祕與嚴肅；俟進入其中，卻得見陽光下處處展現的生機與生命力。這就是大黑森林。

☀ 小黑森林

我的小黑森林則位居敦化北路和富錦街的轉角處。這個號稱富錦公園的黑森林，長不過 50 公尺，寬約 30 公尺。在一排排整齊高大的楓樹下放置椅子，白天是個乘涼的好去處；而到了夜晚，在未設置路燈之前，漆黑一片，留給小孩許多想像的空間，是個講鬼故事的好地方。

我，當然是說故事的人，而聽故事的人除了兒子、女兒外，尚有他們的表弟小東、剛剛、寬寬、表妹小西。孩子小時，他們常聚集在我們家玩。三十坪的公寓房子，再怎麼躲貓貓、看故事書，空間總是有限，玩膩了我還真不知該怎麼辦。有一個冬天的晚上，靈機一動，吆喝一聲：「到黑森林去探險！」

未料到小孩反應熱烈，不到幾分鐘，我們已聚集在黑森林的幽暗

角落。結果什麼險也沒探到，孩子們卻要我講鬼故事。北風吹過樹梢，孩子們拉緊衣領，帶著既期待又怕受驚嚇的表情，聆聽一則則鬼故事。說到精彩處，結合現場的景觀，加上聲調刻意的變化，著實添增幾許恐怖氣氛。小東生性憨厚，每次都嚇得擠在大夥中，不敢落單，生怕被鬼怪碰觸到；小西最慧黠，經常質疑：「可能嗎？真的是這樣嗎？」令我大費脣舌。無數個夜晚，就在黑森林裡的鬼故事中把時間給打發了。

不久，小孩接二連三進入國中，功課的忙碌，加上吸引他們的事物變多了，團聚一起的機會變少了，黑森林的夜晚也逐漸離他們遠去。

每次經過小黑森林，便會想起那群曾伴隨過的孩子，他們都已長大，身高超過我許多，有的已是大四學生、有的是劍道國手、有的學起聲樂來、有的是程式設計高手。有一次親友聚集，問他們還記不記得黑森林？小孩各有不同的反應。

小東說：「黑森林蛋糕？」

剛剛說：「德國美食店？」

小西說：「姑爹作弄人的地方！」

兒子說：「哦，講鬼故事的地方！」

✳ 大小黑森林的交會

站在小黑森林裡，偶爾也會想起大黑森林，不過經驗告訴我，再去到大黑森林，我仍會懷念小黑森林的。大黑森林裡有美麗的遐思與記憶；小黑森林則有現實生活的真實與現實倒影。人，總是在理想與現實中擺盪，從虛幻與真實中學習成長的。

到底小黑森林的記憶留給孩子什麼意義？大黑森林又留給自己什麼啟發？我並不十分確定，也許這就是見山是山、見山不是山、見山只是山的思考辯證歷程。正如聖經所言：

> 「我作孩子的時候，話語像孩子，心思像孩子，意念像孩子。既成了人，就把孩子的事丟棄了。我們如今彷彿對著鏡子觀看，模糊不清……，我如今所知道的有限，到那時就全知道。」

04

春情與夏雪

　　為了讓心靈出走並紓解工作壓力，舉家出遊，便成為我最大的樂趣。經過短暫規劃後，帶著一家四口，從新加坡轉機，飛行 12 小時，風塵僕僕來到觀光勝地——瑞士。開啟了全家瑞士、巴黎自由行的序幕。下機後，從蘇黎士、伯恩到瑞士中部，位居觀光樞紐的山城小鎮——茵特拉根（Interlaken）。

茵特拉根

　　茵特拉根是瑞士火車觀光南來北往、東西貫穿必經之地，更難能可貴的是，它位處歐洲第一高峰少女峰的山麓，是上山轉乘登山火車唯一的通道。此外，它位居兩大名湖——吐恩湖與布倫斯湖之間，四面環山，景色優美，是鮮花遍地的旅遊點。

　　瑞士人勤奮保守、樸實善良、樂觀進取，當地雖缺乏原料資源，工業卻十分發達。出口產品主要為機械、儀表、手工鐘錶、化工產品及醫藥品等。瑞士人雖享有高度經濟發展所得，但傳統上具有惜福愛物的美德，沒有奢華氣息，不浪費資源，這使得瑞士永保經濟強國，名列工業強國之列。

✳ 造訪千年雪

從茵特拉根出發，經克萊因斯海德格，轉換三種火車，計費時150分鐘，總算抵達標高3454公尺、號稱歐洲屋脊的少女峰。從酷暑難耐、燥熱異常的台灣，經過一天的轉折，突然進入奇偉壯觀的阿爾卑斯山冰河世界，漫步於終年積雪的雪地上，興奮之情溢於言表。兩個小孩不畏風寒，在雪地裡玩起雪仗，互相丟擲雪塊，捉弄嬉戲，看他們樂在其中，真不忍心制止，其結果，當然是難逃魚池之殃，我身上沾黏雪花，然而卻樂得感染歡樂的氣息。好久好久沒有陪小孩、家人歡度這些時光了。

站在 Sphinx 景觀台，飽覽阿力斯冰河（Aletsch Glacier）引人入勝的景觀，並深入冰川下面30公尺處的冰宮，目睹鬼斧神工的冰雕，及千年不化的冰壁，感受極為奇特。內人說：「如果冰壁上的雪終年不變、屹立不搖，我們何妨來個十年之約，十年後再來造訪它。」我心有同感，因此約略能體會她的心情。

✳ 山中感悟

是的，生命短暫，且如過眼雲煙，比起日月的長久、宇宙的浩瀚，生命歲月真如滄海一粟。生命再長，不過數十個寒暑。相約十年後，帶著好心情來造訪夏日的冰雪，不在乎冰雪裡量的多與少，而只在乎質的存在與否。十年一會千年雪，如果不是有緣，也該是有份吧。量的改變是客體，質的存在才是主體。讓這樣的領悟延伸、擴散，正與「不在乎天長地久，只在乎曾經擁有」相呼應。一個人活過中年，以中年人的心情來看，人窮其一生，所能擁有、掌握的實在不多；但人又常存不滿足的心理，以致常有「人心不足蛇吞象」的欲

求。這是人類的困境所在。事實上，在人生的道路上，追求卓越、美好的結局固然重要，因為它是成就感的來源；但過程的用心、細心的體驗，不也是一種美感嗎？

依理而論，西方智者之言「已有的事後必再有，已行的事後必再行。日光之下並無新事」可謂道盡了人間事。十年之約，該不是千古第一人，有同樣情懷者該大有人在，但能讓美夢成真者，恐怕寥寥可數。畢竟，情懷是美的，現實卻是真實而殘酷的。一時有感而發的約定是一種美的情懷，至於能否實現願景，那就要看人生的際遇了。年少時，為賦說詩是一種特權；年長時，衝撞於職場，猶能保有美麗的情懷，是一種幸福；年老時，讓塵封已久的記憶倒帶、活化，是一種樂趣。這樣的體驗，不正是元代陳草庵所欲表達的境界：

「晨雞初叫，昏鴉爭噪，哪個不去紅塵鬧？
路遙遙，水迢迢，功名盡在長安道。
今日少年明日老。山，依舊好；人，憔悴了。」

走筆至止，並沒有讓心情變調，相反地，思慮經過沉澱而更加清明；感受經過激盪益發鮮活。少女峰的午後時光，與千年不化雪的際遇，喚起春日情懷與夏日雪景的共鳴，以及秋日感觸與冬日歲月的聯想。這，就是生命的流線吧！

05

沉靜與動感

聖莫里茲湖（Lake of St. Moritz）的夜晚有一種獨特的沉靜之美，沉靜中亦有一種轉換的動感。

✳ 渡假聖地聖莫里茲

聖莫里茲湖位在瑞士東邊一個山明水秀、景色宜人，號稱「香檳氣候」的觀光景點。本地區以陽光和煦著名，最高紀錄平均全年有 322 個陽光充沛的日子，陽光的熱源凝聚水氣，在夜晚轉換成雲霧滿布湖面。微風中冉冉上升，上層的雲霧才一散去，下層的雲霧立即填補而上，如此生生不息，循環不止。這使得湖面有如披上一層輕盈的少女面紗，平添幾許神祕的朦朧美。我們到訪當地，逐一揭開其神祕的面紗。

整個聖莫里茲湖靜靜地躺臥在阿爾卑斯山南面的恩加丁（Engadin）山谷中，在山谷狹長的地段裡，聖莫里茲市的主要建物，均環湖坐落在斜坡地上。這裡早期是英國王室避暑勝地，以英國王室命名的古老傳統建物，和晚近成為冬季奧運會址所興建的摩登建物並列其間。夜色中，建物的燈火與湖泊對岸高聳的山巒積雪，形成

一幅相互輝映卻寧靜和諧的景觀。建物在湖面留下的倒影，在湖邊鵝黃燈光照射下，清晰可見，這份美感，連喜愛丟擲石塊的女兒，在湖面上丟擲幾回後就停住，似乎也不願破壞這寧靜、和諧的畫面。

✳ 夜晚的湖邊

　　環湖漫步中，我發現今晚有三類人前來造訪沉靜的湖泊。第一種人是悠閒自在的釣客，他們散布在湖邊的路燈底下，藉微弱的燈光靜待魚兒上鉤；第二種人是健身慢跑者，他們矯健的身手，來無影、去無蹤，轉眼消失在湖邊小徑上；最後一種人，大概就是我們這群豪興不減的旅遊者吧！萍水相逢的一群人，全靠一個淺淺的微笑、揮手致意、簡單的招呼，來表達相遇的心意；也許潛意識裡，是不希望高分貝的寒暄，有損這份靜謐的美感吧！

　　我們在湖畔上漫步很長的一段時間，幾乎都忘了夜已深、天已涼。環顧湖面，幾乎有一半的路程未走完，但慢跑者已散去，垂釣者亦已收竿而回。聖莫里茲湖在夜深人靜時，仍然散發一個訊息：這一切的美好，不是偶然的，是造物主的精心傑作。此情此景，只能用「無聲勝有聲，無言勝有言」來傳達其意境了。心裡正盤算著：「今晚的心靈出走，究竟應見好即收，或繼續完成未竟之事？」女兒說：「老爸，該回去了！」內人說：「明早再來！」於是我們不約而同地往回走，起先是快步，隨後是慢跑。夜色中，「卻顧所來徑，蒼蒼橫翠微」是最貼切的寫照。

✳ 晨曦中的湖泊

　　晨曦中的湖面，依舊有份神祕的美感。偌大的湖面，已有早起的人兒揚起白帆飄蕩其中；凜冽的湖風迎面而來，令人精神一振。我們

稍做暖身，相約四十分鐘後回到原點會合，便開心地慢跑上路。為捕捉昨夜的靈感，我放開腳步，邁力向前。也許我們是唯一慢跑的東方人，好奇的眼神總是掛在迎面而來的老外臉上。我們一點都不以為意，反倒用親切的招呼，試圖暖化生冷的湖面空氣。

大地逐漸甦醒，陽光遍灑湖面，剔透的藍色湖水，在陽光照射下轉為淺綠色。這一切轉換雖默默進行，若用心觀察卻動感十足。憑過去經驗判斷，我是無能也無法繞湖一周、跑完全程的。起初，我把目標放在前面二、三百公尺外的小目標，抵達後，再設定新目標，逐一完成。如此用接力式的方法銜接目標後，總算完成大目標，抵達終點。當然，慢跑過程中數度感到力不從心，數次放慢腳步，待調整氣息後再上路。雖比原定時間晚了二十分鐘回到原點，但一種能量被激發出來而跑完全程的成就感，卻令我感到舒暢不已，久久無法平息。此時，有形的聖莫里茲湖已化成無形的記憶，存放腦海中。

中午時刻，依既定行程道別聖莫里茲湖，心中有些依依不捨。思索再三，原來在聖莫里茲湖的沉靜景物變換中，曾保有我們動感的足跡與活力。兩天的際遇，的確短暫，揮揮衣袖，不帶走雲彩，卻帶走千山獨行的豪情壯志，繼續上路。

06

塞納河畔的遐思

　　由瑞士伯恩（Bern）搭乘法國 TGV Lyria 高速列車，不消四小時便抵達巴黎。從中世紀人文氣息濃厚的城市伯恩，到喧鬧繁華現代感十足的巴黎市中心，還真有點不習慣。沿途美麗的山川水秀，田園風光，大地綠草如茵，真是目不暇給，令人心曠神怡。找到飯店，安置妥行囊，便直奔塞納河畔。

初遇塞納河

　　塞納河（Seine）全長 780 公里，是流經巴黎市中心的法國第二大河，流域面積 7.8 萬平方公里，最終流入英吉利海峽。巴黎塞納河沿岸地區於 1991 年被聯合國教科文組織列為世界文化遺產，其人文歷史與古今的鏈結，景觀建築的新舊並列，倘佯其間，令人流連忘返。

　　法國人將塞納河分為兩部分，以北稱作右岸（Rive Droite），以南為左岸（Rive Gauche）。左岸以歷史與觀光景點取勝，而右岸以新穎潮流景點著稱，各有特色。塞納河上共有 37 座橋梁，每座橋梁形狀各異，也都各有歷史背景故事。其中最為迷人的是 1804 年完工、出自拿破崙（Napoléon Bonaparte）構想的藝術橋，又稱為情人橋，

是巴黎最古老的橋梁，也是塞納河上最長的橋。沿著塞納河，可抵達著名景點如：艾菲爾鐵塔、聖母院、羅浮宮、戰神廣場、摩天輪等。

✹ 與萊茵河相提並論

若以巴黎塞納河的美麗，和德國萊茵河（Rhien River）的秀氣相提並論，可是旅遊者津津樂道的話題。

萊茵河畔以古堡、葡萄園和秀麗的山巒取勝，而塞納河畔以歷史文物的景點艾菲爾鐵塔、羅浮宮、聖母修道院及協和廣場等聞名。萊茵河與塞納河裡同樣有川流不息的船舶航行其中，為清澈的河面平添不少色彩與動感。不同的是，萊茵河上十之八九是運輸物資的運輸船，而塞納河上十之八九是遊船。運輸船在萊茵河上不分晝夜南來北往，在規律的引擎聲中，為欣欣向榮的德國工業注入生氣與活力；而塞納河的遊船則滿載著觀光客的喧嚷與歡樂，觀光客絡繹不絕的到訪，也為古文物、藝術的王國做了最佳的註解。萊茵河給人的感覺，似乎是永遠在變、卻又永遠不變的視覺；而塞納河則給人的印象，是永遠不變、卻又永遠在變的直覺。

✹ 巴黎掠影

這種知覺誤差，為美麗的塞納河蒙上一層淡淡的哀愁。這樣的哀愁源自於它是歷史的，也是現代的；精神的，又是物質的；傳統文化是藝術的，又是時髦前衛的。這類矛盾與衝突、認同與混淆、統整與分裂的集合體，便是巴黎特有的形象。

初訪巴黎，六天五夜中，不論新舊凱旋門的駐足旁觀、塞納河畔的沉思默想，或搭乘遊船細數橋梁，與塞納河邂逅不下十餘次，所見所聞不少，但對巴黎仍有許多不解：

- 不解巴黎人為何少有歡笑？

- 不解巴黎人為何少有熱忱？

- 不解巴黎人為何排斥英文？

- 不解巴黎人為何喜歡在香榭大道兩側排排坐，吃、喝、觀望街景？

- 不解凡爾賽宮、羅浮宮、公共場所為何沒有英文標示？

- 不解觀光景點、地下鐵為何扒手橫行，觀光客一再遭殃？

- 不解著名教堂內為何只有寥寥無幾的聚會人數，卻有絡繹不絕的觀光客？

　　原來巴黎地區的人口總數為一千多萬人，而每年卻有六千萬左右觀光客到訪，對巴黎人而言，那是一種沉重的壓力與失落。暑期是旅遊旺季，入秋後固然少了觀光人群，將巴黎回歸巴黎人，但巴黎也因此頓失活力與歡笑聲。表面上巴黎人依然優越、自負、怡然自得，其實心裡是空虛、苦悶、不安的。當巴黎人仍保有古老歲月的美好回憶，存活在歷史的遺蔭時，就不易覺察現實的殘酷與劇變；同理，當巴黎人失去內在的核心價值與生存意義，便難以找到生命的終極目標，無從滿足其空乏的心靈。

　　從塞納河左岸帶杯咖啡登船，讚嘆別具歷史文化風格與特色的情人橋。在塞納河的神祕面紗逐漸褪去時，冰涼的咖啡更加苦澀，而塞納河也由美麗轉為淡淡哀愁。

07

巴黎夜歸人

夏日，巴黎的天空偶爾灰濛一片，間歇還來個小雨。雖不見陽光與朝氣，但香榭大道上仍是車水馬龍，輪胎壓過石塊路面的特有聲音不絕於耳。如果一路走來所觀察的是正確的話，那麼瑞士可說是位清純質樸的青春玉女；而巴黎則是成熟嫵媚的婦人了。

香榭大道的聯想

巴黎地鐵計十五線，買張地鐵票，只要不出站，可以十五線走透透，是一種快捷、經濟的交通工具。初坐地鐵，倍感興奮，但環境的髒亂、管理的鬆散，亦令人印象深刻。

漫步在香榭大道，各色人種擦肩而過，咖啡香、啤酒香、麵包香迎面而來，悠閒自在的感覺令人愉悅。晚間在 Leon 餐廳用膳後，自恃方向感尚佳，且為避開熙攘人群，突發奇想，由大街轉入小巷，本欲取捷徑而行，未想因此失去方向感，久久回不了飯店。落腳的飯店雖在舊凱旋門附近，夜空中似近在咫尺，但卻遙不可及。這種深夜在巴黎有「家」歸不得的無奈、懊惱，與記憶中的影像，似有重疊之處，於是在這場景中，小王的影像清晰地浮現在記憶裡。

小王是本校大學部的學生，自小生長在極為富裕的家庭中。自四歲開始，小王即不再有被父母擁在懷裡疼愛的記憶。父母要不是各自忙於事業，便是激烈爭吵、相互指責，小王從小就在父母婚姻碰撞的夾縫中煎熬、長大。短則數天，長則半年，寄住奶奶、姑姑、叔叔家，都是家常便飯的事。一直到法院判決離婚，小王歸母親撫養，他與母親一起生活才開始有家的感覺。不過，好景不常，接下來他就讀私立國中、高中，乃至大學，寄宿學校宿舍又繼續離家，過著離鄉背井的生活。家，似乎是在遙遠的地方。

✳ 返家路遙遙

自小，寒暑假放假回家是一個獨特的經驗。由於父親再娶，母親再嫁；回父親家太沉重，因為要看阿姨的臉色，且阿姨的孩子，分立山頭，小王毫無自主空間；回母親家太輕盈，只要叔叔在家，叔叔便是 VIP，自己變得可有可無。每次回父母家，變得很不自在；回奶奶家也無趣，雖然奶奶隨時張開雙臂歡迎，但奶奶年事已高，一再重述過往，該聽的也聽過許多次了。總之，夾縫中生存，留下刻骨銘心記憶。

為此，小王養成一套生存的技倆：善於察言觀色，見風轉舵，全身而退；樂於消費，名牌加身，外表光鮮以平衡內在低落的自我價值感；勇於表現自我，尋求肯定以彌補內心的失落；急於掙脫童年的傷痛，並逃避被遺棄的焦慮。

事實上，小王雖有人人稱羨的條件，但他一點都不快樂。雖然多次遭遇分手傷痛，情緒低落，但因 IQ 高、人緣佳，與師長關係良好，每次均有貴人相助，安然度過，化解危機。我們的陪伴關係便是在這一來一往的激盪下建立的；他也不諱言這種關係的依賴共存，多

次幫助他度過難關。

記憶中，小王的母親總是在寒暑假前即安排整個假期行程，小時是科學營、夏令營，長大後當然是遊學團，不是美國就是歐洲。反正母親付得起錢，小王也樂得出國見見世面，體驗放空的感覺。不過，出國次數多了，小王也逐漸發現自己並不是那麼樂意出國的。特別是當身處異國他鄉時，一種天涯遊子的心情常使他喘不過氣來。

✳ 淚水洗盡塵埃見眞我

白天，他是天之驕子，只要看上眼的服飾，刷卡了事；遊學團中大小事，小王出面，沒有處不好、擺不平的問題；同儕中，男生欣賞他，女生更傾心於他。可是到了夜晚，他可孤單難過得像斷線的風箏。在離開巴黎回國的前一晚，當大夥興高采烈瘋狂採購、安排返家計畫時，小王的心情掉落谷底，一種既期待又怕受傷害的不確定感，促動鬱悶的情緒。於是他半夜獨自跑到凱旋門邊，眺望巴黎的夜空，潸然淚下，久久不能自己。巴黎，意外成為觸景傷情的傷心地；而小王也實質成為第一位夜歸人。但正如過往，淚水洗盡陰霾，宣洩情緒，也脫去纏累，找回真我。相隔一晚，他又是另一個充滿熱情、活力充沛的領袖型人物。

曾幾何時，在星換物移的際遇中，我也成了有家歸不得的巴黎夜歸人。不禁想起十九世紀法國作家 W. H. Calet 的名言：

「每一位流浪者不管浪跡何處，都是在努力彈落過往的塵埃。」

08

有限與無涯

　　飛機在巴黎當地時間 13 時 14 分起飛，快速地爬升到一萬公尺以上的高度。待機身穩定後，空服員開始供應午餐，機艙內瞬時充滿奶油、菜餚的香味。在一陣刀叉碰撞、點餐聲之後，艙內逐漸恢復平靜。乘客各取所需，或調整坐姿休息，或觀賞節目，或打電玩，各自找到排遣時間的方式，開始一段名實相符的「空中旅遊」。飛機繼續朝東南方飛去，太陽遠遠地被拋在後方，才不久，飛機便在暮色中，飛入漆黑一片的夜空裡。

✳ 夜空夢魘

　　我向來對夜景情有獨鍾，在這難得的機會裡，從機上小巧的窗口看星空、望大地千百回也不膩。只見近處的星星特別亮麗，而遠處，則依稀有閃電出現。不知是機長有意避開雷電區，或依原路線飛行，總之，長達五、六小時的飛行中，雷電一直停留在遙遠的地方。此刻，飛航指示的螢幕顯示，飛機即將進入非洲西北上空，當地時間是清晨 1 點 03 分。我盯著螢幕上的畫面，同時俯視地面上的燈火，心中臆測，此時在地面上，該有未眠人正遙望星空，好奇地觀賞這架

747-SP 的飛行路線與燈光吧！這樣的想像是有緣由的。五十多年前的一個冬夜裡，一個十二歲的小男孩，在半夜 1 點，冒著刺骨的寒風站在頂樓陽台，遙望人類第一枚繞行地球的人造衛星，自西南往東北方向緩緩移動，最後失去蹤影。前後雖僅十餘分鐘，卻留給小男孩一生的回憶，以及對星空的無限遐思。及至長大，他還曾幻想過要成為飛行員，航行於星空中。曾幾何時，小男孩已圓了夜航的夢，只是機長不是自己。

幾次夜航班機中，今晚的感受尤為特別，也更能體會學生在期末報告中寫下的這段話：

> 「大海很大，卻不比蒼天的遼闊；
> 天際難廣，卻不及心靈的無涯。」

✳ 愛心、知識、信仰三項禮物

在夜空中，飛機雖以時速 877 公里的高速飛行，但在遼闊的天空中，卻似乎只停滯在一個定點上，久久抵達不了終點；不過，現代科技產品的飛航指示螢幕，能清楚地告訴你已飛完的里程是多少、剩餘旅程是多少，螢幕上一覽無遺。

精確而充分的資訊，令你必須務實以對而毫無想像空間，不知這是人類的進步或退化。僅管如此，在有限的座位空間上，我仍可以享受一份寧靜，及獨與夜空相處的樂趣。這是一個既無睡意、又無睡夢的夜晚，就讓自己的心靈無限伸展吧！

沉思中，內人遞來一篇精采短文，上面寫著工業毒害學創始者愛莉絲‧哈彌爾頓（Alice Hamilton）對她母親的描述：

「若不是母親，這個家早就毀了，父親染上酒癮，晚上經常喝到不省人事，被人扶送回家。但母親身上有一股安定的力量，她天天唸書給我們聽，帶我們去散步……母親認為愛心、知識與信仰，是家庭給孩子最珍貴的三樣禮物。」

我深有同感，同時輕聲地告訴內人，我在她身上也看到這三樣好禮物，並看到她正努力把它們送給孩子。內人開心地點頭說：「還在努力中。」此時窗外的溫度是零下 46 度，艙內則有若和煦的陽光普照一般。

✳ 嶄新的起點

為十二天的旅遊做個結語是不容易的。對我而言，這次旅遊寫下無數個紀錄：第一次全家歐洲自由行；第一次造訪瑞士、巴黎；第一次搭火車、地下鐵觀光；第一次在國外遇到扒手；第一次搭新航……等。固然出國前，全家人一起做了不少功課，但旅途遙遠，身處異國他鄉，突發狀況、意外變數都難以預期。這麼多的第一次，卻是如此順利、平安，真是上帝的奇異恩典。旅遊中，最珍貴的體驗是：

- 全家人同心同行的感覺。
- 生活中相互體諒、包容的同理心。
- 一起面對問題、解決問題的默契。
- 沒有界線、防衛的坦誠溝通，相互了解。

短暫旅遊的結束，是另一段現實生活的開始。這些旅遊的體驗，將留給我長久而美好的回憶，但是若僅留下回憶也未免可惜。這些體

驗是既真實又具體的。因此，若能內化為家人相處的模式，或轉換成與人相遇、相交、相知的方式與內涵，則是最大的福氣與收穫。在這樣的領悟後，「愛心、知識、信仰」三種禮物似乎不再那麼遙遠與抽象了。有了足夠的愛心、充分的知識與人生信仰，一個人的存活將不再以自我為中心，不再受太多個人私欲、偏愛的侷限，如此則有限的牽絆才能解開，無涯的延伸才有起點。

09

中年雜感

　　中年危機已不是新鮮話題。但，聯合新聞網（2020）引用美國國家經濟研究院（NBER）日前發布的報告，調查全世界 132 個國家中，有關幸福感和年齡、經濟狀況、工作發展與健康狀況等因素，結果發現 47 歲是人生最悲慘的時刻。這個年齡剛好介於中年，也是「離退休還早、工作難以改變突破」的尷尬階段。報告亦指出：幸福感最低落且不幸福的年紀落在 47.2 歲；而開發中國家，則是落在 48.2 歲。結果再一次證實「中年危機」確實存在。上述發現雖不超出過往的心理學研究範疇，但隨著社會變遷、時空轉換，此一議題值得正視。

❋ 不預期的邂逅

　　搭乘 12 時 10 分的校車，順暢地由中壢回到台北。正午時分，高速公路沒什麼車況，我比預計時間早半小時抵達演講會場。正愁無處可去，眼睛一亮，運動公園就在路旁，未經考量，毫不猶豫地步入三重運動公園，與午後陽光來個不預期的邂逅。

　　空曠的操場，只有一位慢跑者和一對把玩遙控汽車的父子在其

間。當然啦！操場四周的樹蔭底下，像我這樣不趕時間的不速之客，大有人在。中年的慢跑者，拖著沉重的步伐，賣力地往前跑；而這對玩興正濃的父子，亦不顧遙控車發出震耳欲聾的引擎聲，任遙控車在操場中馳騁著，一下南來北往，一下東西兩線，車到之處，塵土飛揚。偶爾傳來父子歡呼聲，顯然父子連心，其樂融融，令人稱羨。

剛開始，父親在旁指導，並負責排除障礙。大多數時間遙控器在孩子手上；一段時間之後，父子輪流遙控車子；最後，父親玩得起勁，索性自己獨占遙控器，小孩反而成了旁觀者。小孩大概感到無趣，乾脆跑到遠處玩單槓去了。

✳ 孩子的成長足跡

不知從何時開始，家中兒子也喜歡上汽車。這是他成長過程中無法遺忘的一段記憶。兒子著迷的程度，用「見車眼開」加以形容，一點也不為過。每次逛街，他的眼光總是被櫥窗的玩具車給鎖住，買與不買便成了爭執的焦點。幾年下來，光是火柴盒小汽車就有上百部之多。隨著年歲漸長，他的胃口愈來愈大，小汽車變成中型車，價錢愈來愈高，樣式也愈來愈多元。直到有一天，他擁有了自己的遙控車，連續幾天，兒子每天抱著新車睡覺，睡夢中仍帶著淺淺的微笑呢！

同樣的場景，新生公園的落日餘暉中，數不清有多少和兒子把玩遙控車的日子，只記得每次都是我先跑步，兒子玩遙控車，有時兒子玩膩了，遙控器偶爾會交到我的手裡，我也樂得享受短暫控制、駕馭的樂趣。不過，經驗告訴我，兒子對遙控車情有獨鍾，很快就會要回他的遙控器，這種現象幾乎屢試不爽。因此，大多數時間，我只有一旁觀賞的份。大約到了國中一年級，兒子的興趣轉移至閱讀《吳姐姐講歷史故事》以及球類運動。陪他打棒球、籃球，成為我休閒的主要

任務。兒子把玩遙控車的日子逐漸遠去。有一天，兒子把一大盒、一大箱的玩具汽車放置到書櫃上，束之高閣。我知道，兒子已道別童玩的歲月了。

小孩重回父親身邊，遙控器又回到他手中，父親終究是關切孩子的，三番兩次跑到操場一角排除障礙。慢跑的中年人依舊往前跑，也許他不在乎跑多遠、跑多久，只在乎是否盡興。一生中的許多事，不也只求個盡其在我嗎？

有此感觸，不禁想起聖經中智慧的話：「已有的事後必再有，已行的事後必再行。日光之下並無新事。」生命之所以逸趣橫生，乃是在時空倒轉的不同場景中，驚見昔日的自己。這樣的際遇，沒有閒情逸致再加上一點用心，是不可得的。

✤ 繼續上路

中年階段，正處於工作積累、升遷競爭、孩子教養之際，身心健康、家庭生計、職場轉換等壓力事件不斷的挑戰，不知不覺中耗損我們的意志力與熱情。在無止境的生活事件中全力拚搏，其結果可能事業有成，甚或功成名就；但也可能兩頭燃燒，得失難兩全。最終可能落得「獨上高樓，望盡天涯路」的感嘆。若能及時反思自省，釐清自我價值，適時調整腳步，享受生命時光，珍惜所有，或可昇華至「衣帶漸寬終不悔，為伊消得人憔悴」無怨無悔的境界。經過堅持和努力，領悟出利他、成全、委身的人生目標，並在「信、望、愛」中體現自己的理想，抵達「眾裡尋他千百度，驀然回首，那人卻在燈火闌珊處」的最高境界。由此路徑，或可走出貧乏侷限的中年危機，邁向統整豐富的中年轉機。

午後的陽光依舊和煦，是該上路的時刻了，我輕快地步出公園，

迎向會場。彷彿自己就是那位慢跑的中年人，繼續向前，完成未完的腳程。

　　中年的幸福感，原來是可以這麼簡單地擁有。

10

生命的終極關懷

當有一天，我要離去，請不要為我傷悲。我只是回到原來的
地方去。

當有一天，我要離去，請不要為我立碑。悄悄地安睡我最歡喜。

當有一天，我要離去，請照樣唱歌跳舞遊戲。把笑聲送給我
當作後（厚）禮。

—— 杏林子‧劉俠（1942～2003，作家）

✴ 不一樣的生命內涵

連續參加劉俠女士、白培英董事長夫人林瑞麗女士、尹前監委士
豪的追思禮拜，劉俠女士寫的〈當有一天〉的詞一直在腦海中盤繞
著。生命可以輕如鴻毛，可以重如泰山，但在生命的最後一段旅程
中，為何能走得如此豁達、安詳、肅穆、感人，乃是因為生命中有些
不一樣的內涵。對基督徒而言，這些內涵都是經過「神的同在」之後
沉澱、煉淨、更新變化下的產物。

因著有神的同在，心中自然常有信、有望、有愛。

因著存有信心，確信跨越生死的鴻溝後，我們都要回到神所預備的、永遠的、更美的家鄉。

因著存有盼望，確信靈魂離開暫住的身體軀殼後，我們不再受制於有限的形體，可以如飛而去，結束世上客旅、寄居的日子。

因著存有愛心，確信生離死別是短暫的，不是永別，我們終必因耶穌復活的生命，享有永恆的生命，將來必在天家再團聚、再見面。

如此的信心、盼望和愛心，成為面對死亡陰影的憑據與依靠。這正是生命終極關懷的重要議題。

✳ 存活的意義

劉俠女士（2000）在她的著作《為什麼我沒有自殺？》中提到，像她這樣的人，當初應該有無數個理由自殺：要學歷，因病只能念到小學；要身分，成名前她只不過是個默默無聞的殘障者；要健康，她註定擁有一個不斷退化的身體，加上每天疼痛相隨，讓她掙扎於要不要活下去的猶豫中。一直到十六歲成為基督徒，才讓她從信仰中認識與體悟生命的本質和意義，終於走出陰霾的歲月。

白董事長在〈致愛妻〉的悼念文中有一段感人肺腑的敘述：

「妳住院期間，我每晚從醫院返家就寢，午夜夢迴，總會想到四十四年來我們相攜、相扶，同甘共苦的點點滴滴，以及妳我實而不華的恩愛，每每輾轉反側，不能再寐。而今妳離我先返天家，剩我一人形單影隻，不過妳放心，我會從悲傷中走出來，靠主加添力量，堅強地過好餘年的每一天，直到我們在天上重相見……」

在尹前監委士豪的追思禮拜紀念文〈永遠的懷念〉中有一段話：

「……1970 年代初期，國內還處於國窮民困，先生有感於前中
原大學校長韓偉弟兄的迫切呼召，在中美斷交、退出聯合國之
際，不考慮事業機構、外商機關、公立學校的邀約，毅然投入
以基督信仰為全人教育基礎的中原……先生一生中最值得欣慰
的是，將工作做在基督的國度裡，做在青年人的身上，做在苦
難的國度裡、世上的財富、權利、虛名終將過去……」

✳ 生命教育的最後一課

追憶三次追思禮拜，送別故人，心中仍然不捨，正如許多人共同
的感受：那種親如家人遠行離去的情懷是那麼真實，且彌足珍貴。是
的，我們有了這許多的見證人，如同雲彩圍繞著我們，就當放下各樣
的重擔，存心忍耐，奔向那擺在前頭的路程。

這麼與眾不同的生命內涵，與足堪仿效的生前行誼，不正是生命
終極關懷的最後一堂課嗎？

11

回家、返鄉

　　女兒自小從未離家久住在外，一直到高中二年級才住校。為人父母的我們，一時還不習慣，既擔心女兒會不會挨餓受凍，更掛念團體生活她是否適應。女兒於週末第一次回家，我們特地安排在離家不遠、女兒向來喜歡的麵食小館享用晚餐。

天下父母心

　　看到喜歡的麵食，女兒胃口大好，一口水餃，一口麵，吃得不亦樂乎。正如許多父母一樣，我們頻頻勸她多吃些，但亦不忘探詢住校生活的狀況。未料女兒岔開我們關切的話題，喝了口湯後說：

　　「老爸，下次帶狗出門，你可以放心地解開狗鏈，讓狗狗自由活動，你不用催牠，玩夠了，牠自己會回來找你的。等牠回來，你也不要斥責牠，牠自己會養成一些好習慣……」

　　「妳這是什麼理論？動物心理學？網路資訊？」我不經意地問著。

　　「都不是，同學說的。」女兒斬釘截鐵地應答。

　　「妳住校一週，是不是也體驗到什麼呢？」內人問道。

「住校一週，雖有些不習慣，但自己學會打理自己的事，解決自己的問題，也是很不錯的，早知道，我應該早點去住校。」女兒回答。

我和內人悵然若失地沉默一陣子。女兒接著又說：「老爸、老媽，我住校後，你們變得沉默了！」好一個心思細膩的女兒。我連忙說：「沒有，沒這回事！」

✳ 回家的意義

回家的路上，女兒表示很想順道逛逛商家，問我可不可以。我毫不猶豫地回應說：「好呀！好呀！」回家，是可以補償某些失落的。不管逛街、買東西、談心，總隱含一些意義在內。這使得回家成為賞心樂事。路途即使遙遠，返鄉的路上總不孤寂。

看她們母女逛得興起，我不忍掃興，隨意在商家櫥窗外的街道旁找到一個位子，觀望週末夜晚的街景。此時，一個鮮活的記憶陡地進入腦海中。早年自己服兵役時，曾在台南的隆田第八預備師受訓，每逢三週一次的大假，不管部隊幾點放人，我習慣性會在星期五搭夜車回台中老家。仔細一算，扣除來回車程八小時，加上外出訪友，真正停留在家的時間並不長。雖然舟車勞累，熬夜傷神，一旦收假回營又得應付煩人的收心操……但每遇連續假，我仍然樂此不疲，披星戴月趕路回家。

有一次回家，竟然意外地停留家中足不出戶。下午時分，老家只剩我和阿嬤二人。阿嬤興奮地告訴我，她已為我加了一個會，繳了幾次會款，這些會款專為我結婚用……聽完後我感動莫名，但也難掩心中的惶恐和不安。一則尚無女友，再則事業工作尚未開始。阿嬤接著表示不用我擔心會錢，她會繼續幫我繳交直到我就業賺錢。言猶在

耳，未料隔日回到部隊，三天後我竟然在連部辦公室接到阿嬤過世的電報，心中慌亂一團，請完喪假，沿著往日回家的路徑，帶著異樣心情返鄉奔喪。

✳ 返回真實

「老爸，回家囉！」女兒開心地叫著。看她們拎著大包小包的，頗有斬獲，我不禁莞爾一笑。

回家的路上，想起 Gary Bauer（1992）在 *Our Journey Home* 裡的一段話：

「我們許多人離家時滿腔雄心壯志，

　　急於擺脫家庭束縛，另起爐灶……

　　但漸漸地我們發現自己所知其實有限；

　　突然間，我們對那些曾嗤之以鼻、古怪落伍的傳統道德

　　又看出道理來。

　　如此覺醒以後的首次回鄉，

　　便是我們重返現實世界之旅。」

12

黑夜與白日

　　大年初三，高速公路意外地順暢，回到老家團聚，父親開心，母親亦展開笑顏。客廳牆上依舊貼滿三代家人的照片，父親陸續補上近照，新舊並列的照片，記錄了全家人的成長與溫馨回憶。豐富的內涵，跨越時空的藩籬，聯結三代親人的情誼。

❋ 父親的託付

　　女兒迫不及待在照片中找尋相關的素材，嚷著說她要寫一篇有關阿公的故事，我欣然同意。此時父親拿出一份完稿的稿件，請我加以潤飾。文中主旨在描述近年來，自中風後的心情感受。父親延續他一貫的風格——對人感恩、對事認真、對物珍惜的態度，字裡行間，清楚表露無遺。最後的總結總是回到父親的宗教信仰，認定這一切的際遇，包括生死、有無、福禍、病痛等都在上帝手中。

　　父親早年接受日本式教育，初等高級農校畢業後即就業。對父親而言，用中文寫作，有三重障礙：

　　一為中文表達的語法和日文不同；二為中文字彙他能使用的不多；三為父親中風後右手無力握筆書寫。父親靠著自學，多年來逐漸

克服前兩項的困難，不過完稿後，均會請我在文句上加以潤筆修飾，我亦樂得享受優先拜讀大作的特權。第三項困難的克服，我則是目睹他的努力和堅持，短短三年，有著明顯的進步。

三年前父親因頭暈、身體不適，我將他送往離家最近的醫院急診。醫生只差沒問一句：「有沒有服用降血壓藥？」其餘該有的檢查都做了。由於血壓正常，且沒有明顯症狀，因而排除中風的可能性。打了點滴，躺了五、六小時即被告知出院。回到家連續兩天仍感不適，再送另一家教學醫院，才診斷出腦中風，但為時已晚，再次出院後，右手右腳已沒有知覺，無法控制，不良於行。

✳ 父親的行誼

父親原是活動力極旺盛的人，不論春夏秋冬，騎著腳踏車，可以踏遍台北市區。從民生東路四段的住家到師範大學、南機場、公館、士林等地辦事都不是難事。加上父親個性獨立，不喜勞煩別人，凡事自己動手，突然中風，不僅走路有問題，連三餐都要旁人照料，逢此遽變，他一時還真適應不過來。幸虧意志力超人，在種種物理復健沒有顯著效果後，他毅然決然拿起紙筆，塗塗寫寫，作起文章來。他自嘲這也是復健。一開始，稿紙上的筆跡凌亂，字體結構鬆散，有時一個字拆成兩、三個邊，連猜半想，才能認出，有的字句還得看上下文才了解其中的意思。雖然每篇文章都經過我訂正錯別字、改寫文句，但幾乎都遭到退稿的命運。不過父親一點都不氣餒，在連續退稿近十篇後，總算有一、兩篇被接受，發表在報章雜誌上。這給父親好大的增強與肯定，於是他繼續構思、振筆疾書，寫出一篇篇個人見證、生活體驗的文章，我則精神加盟，給予必要的協助。時隔三年，父親的字體已恢復當年的娟秀有勁，而手腕、手指的使力，已能控制得宜。

父親說：「投稿被接受算是運氣；而手臂漸能使力則算是福氣。有了運氣加上福氣，還有什麼看不開的呢？」這是父親的哲理，我頗為讚賞。

有一年，看到父親比一般人花費更多力氣才寫出的稿件陸續被退稿，我心裡十分不捨。我跟父親半開玩笑地說：「您這麼辛苦寫作被退稿，我來幫您寫好了！」父親不以為意，我亦隨口說說。沒想到這竟成為我隨後習於寫作的緣由。出國旅遊，飛機上、火車上、地鐵中，所見所聞，都可以享受爬格子的樂趣。而文章刊出後，讀後心得的分享，自然成為我和父親長途電話中或見面時談話的主題。

✳ 父親的風範

父親是位身教多於言教的人。他從不誇耀自己擁有什麼（have），卻常將他之所以為他（being）展現出來。他的善良、謙和、認真等風範，都是子女最好的榜樣與表率。中風雖曾牽絆他的行動、減緩他的行動力，但靠著上帝的恩典，他能重新再出發。在復原的艱辛歷程中，父親表現出不凡的毅力、堅持和生命力。兒子與女兒自小受到阿公的疼惜和照顧，每隔一段時日，當我邀約開車回去探望阿公，他們幾乎都樂意同行。

對父親中風的復原歷程而言，黑夜已逝，白日已到來。

13
上山與下山

　　聖誕節當天，在悠揚的聖誕歌聲伴隨下，我開車返回台中老家，探望久別的父母。父親在客廳牆上貼滿六個子女的生活照片，其中有生活照、畢業照、結婚照……整個牆上裝飾得琳瑯滿目，美不勝收。不明究理的人會以為父親誇耀成就，事實上，牆上只是真實記錄兒女成長的點點滴滴罷了。

✳ 重拾記憶

　　父親說，這些照片不是給外人觀賞的，而純為給自己打發時間用。顯見這些照片陪伴父親度過許多時光，並從中捕捉美好的回憶。在角落不起眼的地方，一張父親在工地獨照的照片，吸引我的視線，不禁沉思良久，任由時光倒帶，重拾童年記憶。

　　小時，父親先是任職八仙山林場，後轉任大雪山林業公司，由於父親是木材檢尺工人，凡砍伐之木材，未經丈量登錄，都不能運送下山，因此工作地點幾乎都在盛產木材的高山林區。在四〇年代，這裡曾是台灣三大林區之一，經父親丈量登錄後運送至山下的紅檜、檜木、雲杉、鐵杉不計其數。這也就形成父親特有的上班型態，一上班

即上山，一上山即停留個把月，俟工作告一段落才下山回家；一休假回家短則停留三、四天，長則一週。颱風季節中，一旦山路中斷，父親受困山上林區達四、五十天是常事。有時，父親不預期返家，總叫全家人歡欣許久。縱然父親和家人聚少離多，但親情的維繫從未中斷，家中父母溫馨的愛從未短少。這要歸功於父親的細膩、顧家，和他的宗教信仰。

✲ 安定的力量

　　每當父親上山到工地，他一定寫信報平安。不知從何時開始，這些信件便成為我思念父親時，紓解別離親情的祕密武器。翻閱父親的信函，總會在信的末尾看到幾個字：最愛の妻子。起初，我並不十分理解涵意為何？半猜半想，竟也有溫馨的感覺在心頭。後來索性不看前文，只看末尾的關鍵字。雖然父親大半時間在外，但字裡行間所傳達的情意，使分隔兩地的家人有著天涯若比鄰般的親近與親切感。這是父親細膩的地方。

　　父親是位謙和、寡言的人，也是位做得多、說得少的父親。只要父親在家，全家人的三餐幾乎都包在他手中。父親的廚藝絕佳，辦一桌飯菜不是難事，不過在早年的台灣鄉下，普遍使用大灶燒柴，汗水如雨地預備飯菜，仍要費些功夫。做完家事，父親經常利用山上帶回的藤條，編織起美麗的菜籃，除了自用外，並分贈親朋好友。此外，他也會利用剩餘的木頭，又鋸、又刨、又雕、又刻地做出各類火車、汽車等玩具來。從小，我尚稱乖巧，寫完功課後，總是跟前跟後地無事忙，像極了父親的小助手。從小耳濡目染，我也喜歡上做家事，但除了簡單的飯菜外，也沒從父親身上學到一招半式。因此，為兒子、女兒做美勞，便成為我最痛苦的家庭作業之一，經常畫出來的雞、

鴨、鵝三不像，我失意，孩子也不滿意。至於小孩心目中的阿公，可是什麼都行，是道地的「博士」；我則是道地的「博土」，除了寫寫小文章、完成一些學術報告外，似乎沒什麼行的。

❋ 愛與包容

父親在家的日子，幾乎都把時間耗在做家事、準備柴火、修補桌椅、上街買菜。他始終是那麼知足、認命，也從不抱怨，整天默默地專心做好一件件家事。及至長大成家，我才知道父親是那麼顧家，為人子女的我又是多麼幸福！

父親六歲時，祖母即過世。身為老么的父親，由兩個姑姑帶大，可謂姊弟情深。這樣的經驗使得父親對人常存感恩的心，甚少拒絕別人的需要；而對子女的教養，完全以愛為出發點，從來不曾以嚴厲的言詞責備。記憶中，父親從未因我們的過錯而處罰我們——簡短的一、兩句話指出我們的缺失，外加勉勵幾句，就是他的教育方式。有時母親會責怪父親對我們小孩太溺愛，但父親不以為然，他認為小孩就是小孩，哪個小孩不犯錯？只要小孩會想，就會進步；只要心中有上帝，就不會變壞。他總是用上帝的愛包容我們，養育我們，教育我們。

退休前，父親上山的日子多於下山的時光。在一次親友的餐敘中，朋友問他工作、生活如何兼顧？父親簡要地回答：

「上山，認真工作，想念家人。

下山，認真家事，想念工作。

其他，都交給上帝。」

教育之愛

第四篇

「世上許多事可以等待，
　但孩子是不能等待的，
　他的骨在長，血在生，意識在形成，
　我們對他的一切不能答以明天，
　他的『名字』是今天。」

——伽佈里拉（Gabriela Pristral）

　　教育是很美的。教育之所以美，乃在於教育是需要用心經營的事業。既能用心，從事教育，便是一項美麗的心靈工程。教育開啟學生的好奇心、想像力、判斷力、思考力、感受力、創造力與表現力，使他（她）們擁有成為一個人的基本能力。因此，教育是在培育一個「人」，使之成為適性、有用、健全的「全人」。幼兒教育之父福祿貝爾說：「教育之道無他，唯愛與榜樣而已。」（Education is nothing but a concern for love and role model.）教育，需要從內心最深沉、最無私的愛出發。在實現「全人」教育的美麗心靈工程中，讓我們相約，與「教育愛」無縫接軌。

01

紅土地的歌

地上萬物終必歸毀，花草樹木旦夕枯萎。

唯有我親愛的媽媽，永遠愛我長流水。

日夜床前祈禱，淚水長嚥為的誰？

媽媽我親愛的媽媽，寸心何報三春暉。

〈中原大學・恩母頌〉

✳ 〈恩母頌〉

　　每一年的春末至初夏，中原大學專屬的紅土地的各系代表們都會在校園內勤練這首紅土地的歌——〈恩母頌〉。在校園內靜謐的夜晚時分，〈恩母頌〉的旋律，格外清晰感人，盪氣迴腸，跨越時空，一直持續到母親節前的母親節合唱比賽。

　　比賽中，只見台上參賽的各系代表隊賣力地演唱著，他（她）們全神貫注的表情、神態，隨著旋律的起伏而有變化，像極一群群天使歌詠著母愛的浩瀚與偉大。

✳ 〈恩母頌〉的由來

屈指一算，〈恩母頌〉已誕生超過五十年，也同樣被吟唱超過五十年。不過，校內師生真正了解〈恩母頌〉創作緣由的並不多，更遑論社會大眾了。

話說 1961 年母親節的前夕，屬於紅土地校園的男孩和女孩正忙著選購禮物送給自己的母親。然而，一位神情堅定的大一物理系男孩，心中暗自決定：今年絕不用母親的錢買禮物送給她，他要靠自己，寫一首自己的歌送給母親。

於是，在悶熱初夏的母親節午後，在人去樓空的校園一角寧靜教堂——恩惠堂，一個男孩靜坐琴邊，伴隨著的是陣陣蟬鳴。想著遠在南台灣的母親，一幕幕往日叛逆、迷茫的回憶，以及母親日夜殷殷企盼的神情，如何才能把這種思念與感恩情懷融入旋律，化為聲聲的懷念與祝福呢？

第一個落在琴鍵上的音符，竟帶出一連串美妙的旋律，一遍又一遍地彈唱，一回又一回地吟詠，歌詞雖然青澀，淚珠卻已成行地潸然湧流。猛然抬頭，才發現身後站著大二化工系的室友。原來這一串思念的旋律，竟然會牽引另一位遊子有默契的心靈，前來共襄盛舉。

兩個男孩，一個彈琴吟唱，一個逐句斟酌，一遍又一遍，一回又一回，〈恩母頌〉——一首孕育於紅土地的歌，就此誕生。

當夜幕低垂，場景依舊是教堂裡。當日晚上的母親節音樂崇拜中，意外地添增一首新歌。一位遊子的心聲，帶動一群感同身受的大孩子，和著眼淚，一同唱出對母親的無限懷念。

✳ 宣教士媽媽的禮讚

有人說：「我們唱，我們流淚，因我們愛我們的母親。」

大二化工男孩說：「可是，為什麼我們只懷念自己的母親？」

有人說：「我們不是還有外籍宣教士媽媽嗎？」

另一個孩子說：「對呀！這裡坐著美南浸信會宣教士依師母，另一位郭宣教士生病沒來，我們何不把這首歌獻給她？」

於是，有人抬風琴，有人一馬當先拿椅子，穿越紅土地，直奔校園的另一個角落。就在郭宣教士的窗前，大夥拉開嗓子排好陣勢，一遍又一遍地彈唱吟詠。當窗戶推開時，郭宣教士的一雙淚眼早已盈眶。

春去秋來，第二年母親節時，化工男孩已升上大三，他說：「來吧！我們一起發起母親節合唱比賽，讓我們用愛的歌聲歡唱，來紀念含辛茹苦、撫養我們長大的母愛。不只獻給肉身的母親，也獻給關心我們的屬靈的媽媽。」於是，第一屆母親節合唱比賽從此在這片紅土地發聲，成為彌足珍貴的校園優良傳統活動之一。〈恩母頌〉也順理成章成為比賽的指定曲。

五十餘年來，吟誦過〈恩母頌〉的師生超過 20 萬人，其中，校友散布在全球各個角落。〈恩母頌〉的影響力雖無從估算，但已成為紅土地孩子們一生的共同記憶。

這就是紅土地的歌——〈恩母頌〉，和校園中母親節合唱比賽的由來。

02

三輪車少年

校園內，一聲吆喝著：「小心！」夾雜著車鈴聲，提醒行人注意安全，一輛三輪車載著搖晃的身軀，在人群中穿梭而過。眾人雖熟悉車主的背影，卻也不禁為他的行車安全捏一把冷汗。他，就是三輪車少年，信弘。

✳ 人生三境

每個人在其生命中的某一段歲月，可能都會問自己諸如此類的問題：「我是誰？我要做什麼？我活著有什麼意義？」從心理學的觀點來看，發揮自我潛能，達成「天生我才必有用」的「自我實現」，應該是最常見的答案。黃光國教授（1990）以此理論闡釋人生三境界：其一，意氣飛揚、神采奕奕；其二，守成有餘，開創不足；其三，意氣消沉，生命灰暗。其中的關鍵因素，在於適應方式與方法的良莠與否。良好的自我適應須具備：清晰自我、明確自我理想、具體自我規畫，與追求高峰經驗等；而不良適應方式，則常以消沉、逃避、攻擊、退縮等方式呈現。

依理而論，有些人窮其一生，再怎麼努力打拼，恐無能也無法實

現並滿足「自我實現」的需求。究其原因，有些是屬先天不足而受限；有些是屬後天失調而受苦；另有一些則是源自先天不足，加上後天失調所致。

✳ 先天不足後天失調的失意者

　　信弘是我的工讀生。他純屬先天不足、後天失調者。他原本屬於命中註定要落在消沉與灰暗的人生境界，但他不囿於宿命，勇敢面對已輸在人生起跑線上的坎坷命運，期能脫穎而出，邁向人生坦途。

　　信弘出生於台南白河鎮的一個農家。出生不久，便因黃疸過高，傷及大腦，造成腦性麻痺，除了具備正常視力外，他擁有肌肉控制不佳、語言表達不易、不良於行等腦性麻痺的症狀與特徵。由於具有諸多不利成長、發展的多重障礙因素，信弘自稱原準備在鄉下賣一輩子的獎（彩）券，未料在家人的支持與師長的鼓勵下，他走出自我封閉的世界，進了仁愛啟智學校，最後考上心目中嚮往的特殊教育系。他自我期許成為特教老師，一生為弱勢孩子貢獻心力。

　　未想進入特殊教育系就讀，是他噩夢的開始。雖然，同學的友愛、支持、協助，讓他興奮而愉快地展開新鮮人的一頁。但隨後幾本厚重的原文書接到手上，讓他心涼半截。不要說上課聽不懂，就連閱讀都有困難。教科書的每一頁，幾乎找不到幾個認識的英文單字，簡直是天書。此外，大一的心理與教育統計學，一修再修，連續兩年重修不過，真叫他吃盡苦頭。他也曾為此休學，甚至想放棄學業。復學後，在「風船葛」的義工團體中，他遇到兩位影響他一生的心理系學長姊；一位負責他統計學的課後輔導，另一位負責他心理的支持與陪伴。總算皇天不負苦心人，統計學三修後過關。但接著的挑戰是，身心障礙學生教材教法、教學實習及師資生的教學實務，三門特教系的

重要學科，他都遇到運動機能與語言表達障礙等不利於教學的瓶頸。最後，任課老師們雖體諒他在課程學習的苦衷和努力，勉予過關；但也婉言相勸，建議他放棄特教或資源教室老師檢定的目標，另鼓勵他參加殘障特考或技術檢定。對信弘而言這簡直是晴天霹靂，一連串的學業挫折失敗，已夠他承受的，念了幾年大學，卻不能如願參加教師檢定成為教師，還要回到高職早已具應考資格的原點，參加技術檢定，這叫他情何以堪！信弘經此打擊，的確消沉一陣子，但不久，他又重新穿梭在校園裡，吆喝聲、車鈴聲聲聲入耳，明顯告訴同學們：「我回來了！」大學念到第六年，他總算畢業了。

✳ 三輪車少年

三輪車，是信弘上下學的交通工具。為了方便他就學，父母親為他訂製一輛三輪車代步，座位後方另設計一個大籃子以放置書本、札記、私人物品。校園內按車找人，萬無一失。有一次看到三輪車停放在科學館的榕樹下，放眼看去，不見信弘，只見多位老爺爺圍繞在石椅旁觀棋，而信弘瘦小的身軀正坐在石椅上，以一對三，享受棋奕之樂。

據信弘表示，幾乎大學部的同學都認識他，多年來，他的三輪車從未上鎖，籃子也不加蓋，裡面的書本、用品從未短少，有時不預期地還會收到打氣的小卡片或小禮物；學校附近的麵店阿姨知道他的處境，特別免費供應午餐；「風船葛」的義工團體長期的陪伴與協助，提供他心理的支持與動力；校園內的中原學生團契無微不至的照料與接納，則是信弘最大的精神力量來源；許多師長及行政單位直接或間接提供工讀機會，紓解他多年經濟上的壓力。這些溫馨感人的情節，點滴在心頭，信弘銘感五內，一一記錄在他籃子裡取名為「三輪車少

年」的札記。我是他第一位讀者，很能同理他的心情，與他的處境起共鳴。

✳ 愛的禮物

認識信弘多年，雖然經常看到三輪車穿梭在校園的每個角落，但一起坐下談心的機會並不多，偶然的相遇、揮揮手寒暄幾句，便是互動的標準模式。直到有一天，信弘興奮地告訴我，他在學生團契主辦的福音營中決志信主了！我問他怎麼一回事，他說：

「上帝雖給我一付殘缺的身軀，但也給我更好的禮物。」

「什麼禮物？」

「上帝知道我身體缺陷，賜給我最寶貴的『愛』的禮物，安排許多貴人相助，不斷地把上帝的『愛』分享給我。」

他同時介紹一首深得他喜歡的詩歌，曲名為〈主！我要遇見祢〉。他說，這首詩歌充分表達他的心情與遭遇，幾乎是為他而寫。

「來到主前謙卑跪下，傾吐我心意，

我心中傷痛，我眼流淚，主必不輕看，

人生道路如此坎坷，有許多無奈，

我來到主前叩門尋找，懇求主開路。

主，我要遇見祢，主，我心渴慕祢，

主，我只要有祢，生命窄路與我同過，

主，讓我遇見祢，主，讓我得著祢，

主，我要祢自己，主祢自己，我主。」

要一個人接納自身無法改變的缺憾不容易；掃去心中的陰霾，勇敢迎接挑戰更是難題。但在信弘身上，我看到他明顯的改變與翻轉。

雖然他曾使用不良的適應方式因應失敗挫折、即使今後的生活壓力依舊在、甚至距離成為特教老師以達成「自我實現」已遙遠，但我深信他清楚自己的角色與生存的意義。一位三輪車少年教導我明白哲學家卡繆（Albert Camus）的名言：

「我輕撫身上的傷痛，竟也能成為一種樂趣。」

03

當後山的老師，真好

　　暑期中最開心的事之一，是有幸參與「花蓮縣青少年輔導計畫」國小教師輔導知能研習進階班，與老師們結緣。儘管那幾天，尤特颱風擦身而過，外圍環流的不穩定氣流帶來豐沛的雨量，硬是讓花蓮街道積水，空中飛航中斷。幸好，我搭上最早班飛機，一路搖擺不定地到了花蓮。

 後山老師的驕傲

　　已經數不清到過花蓮幾次了。但每一次停留，均為這塊好山好水中間狹長地段上的發展、進步，留下深刻的印象。不可諱言，過去受到政府施政的影響，確有「東」、「西」之別與「南」、「北」之差，因此一提起後山，還真有點不如人的感嘆。但近年來政府施政方針已調整，在軟硬體的建設上加以改善，並縮小（短）東西的差距。這次來訪，雖僅兩天，但與後山的老師深入分享、交談、互動的經驗，可謂彌足珍貴。一般而言，老師們對學生熱心且是熱情的；對教學是認真的；對資源是珍惜的。而更令人感佩的是，他們對教育工作的執著並長久投入的精神。以鳳林地區為例，光是一個小小的市鎮，

竟然先後出現了五十餘位中小學校長；若以老師計算，至少也有好幾百位老師、教授出自這個地區。這是花蓮人可以引以為傲的事，也是社會心理學家值得研究的議題。

✳ 輔導的兩難困境

本次研習的基調，是有關學生輔導的知能。有一位老師分享道，初為人師，輔導學生時，每每與學生相會於諮商室。一場晤談下來，常常是自己說得多，聽得少；想法多，感受少；分析多，理解少；建議多，但大多數建議，不過是一再重複學生早就想過的對策，或做不到的因應措施；常自許要傾聽、要陪伴、要等待，然而身上帶著的元素沒有給自己一個與人相遇、相會的能耐，以至於能和學生彼此激盪產生生命真、善、美的心靈交會時刻，簡直是鳳毛麟角。大多時候，反而不知不覺流露出自己都難以接受，且無甚助益的勸戒、同情、安慰與訓誡。於是言者諄諄，聽者藐藐，永遠和學生處在一條平行道上，沒有交集，也少有迴響。為此，他深感挫折。這種與人相見、卻沒有真正相遇的經驗，不只是輔導的困境，也是現代人際疏離、情感淡漠的寫照。

與人互動缺乏深度的回應固然是一個問題，與大自然環境、社會環境的和諧共處不也是問題叢生？現代人少能寄情於山水之間或優遊自在地存活於互信、互愛的人際脈絡，而惜福愛物的情懷，或敬天的生命態度似已不多見；相反地，現代人落在汲汲營營追求快速成功、習於與人競爭的生存法則中，縱容物欲的滿足，沉迷聲光刺激的科技產品而不自知，亦是由來已久的現象。難怪有人說：「遠離大自然是人類心靈枯萎的開始。」

❋ 反思與覺察

事實上，人類對自我存在的反省與體認，大部分並非藉由理性認知反省而有所得，反而從不同向度的具體生活經驗去獲取，包括：存在的、道德的、宗教的、情緒的、美感的諸般感受與體驗中獲得啟示。此一內涵境界，絕非科學研究提出的反省、分析、推論與建議所能達成。因為人存有的豐富，不能也無法被純理性觀照給框限住。

人的美感與創意，能將人從短淺的視野、狹窄的胸襟中解放出來，提升我們的心靈。在宗教情操裡，敬天的生命態度復活人的靈性，使人置身於天地之間，找到安身立命之處，最終達到天人合一之境。人生大道理的開悟，其道理在此；諮商輔導的豁然開朗，其道理亦在此。

當後山的老師不必然經歷過這些心理歷程。有一位老師談到教書生涯中，最大的動力並非來自名利雙收，而是看到學生的成長、改變。這種作育英才的成就感，比起受校長、主管的賞識、肯定、嘉許，意義更為深遠，甚至超越金錢報酬的獎勵、工作內容的挑戰、生活型態的變化等工作價值感。這位老師不僅熱愛工作、享受工作，且數十年如一日，用「千山我獨行，不必相送」的豪情氣勢加上註解，真是名實相符。

在後山的教師生涯中，只要用心，必能有較多與學生相見並真正相遇的際遇；只要寬心，必能在滾滾紅塵中找到安身立命之處；只要虛心，必能找到天人合一的智慧。

當後山的老師真好！

04

生命的起落

　　根據世界衛生組織（WHO）對自殺的定義：指不同程度的求死意圖所造成的自我傷害，而導致死亡的結果。以國內情況而言，四十年來青少年自殺的比率有逐年攀升的趨勢，且近三年來均位居十大死因的第三位，僅次於意外及惡性腫瘤（吳四維，2019）。因此，此一問題值得重視。

苦難人生

　　「當人是很辛苦的。使我們覺得困難的，不是一般人所想的挫折或壓力，而是社會生存的本質就不適合我們，每日生活上都覺得不容易，而經常陷入無法自拔的自暴自棄的境地。」

　　這是多年前兩位名校數理資優生選擇結束生命、讓青春與生命突然終止時所留下的遺言。仔細思想琢磨，每個字句都蘊含深厚的人生體驗與感慨。不可諱言，對生命的迷惘、嘆息、惶惑，並非青年學子的專利；事實上，每個年齡層的人們，在生命歷程的某個階段中，都有可能因諸事的不順，或面臨危機與困頓，產生相類似的心理反應。

✳ 不確定的年代

在後現代的今天，我們正處在一個急遽改變的社會。一些傳統上被認定是理所當然的價值觀，正遭逢嚴厲的挑戰與考驗。這造成傳統的價值解體、人性的淡忘、規範的決堤、理性的沒落，使我們不知不覺陷入認同的危機當中，加速了心靈的空泛與不確定感。

精神科醫生吳四維（2019）指出，容易促發青少年自殺行為的心理特質包括：

- 常覺得自己承受強烈的心理及情感上的痛苦，常自覺是最不幸的人。
- 最需要安全感、成就感，卻無法在生活中獲得。
- 天真地認為死亡可以解決一切問題。
- 沒有能力承擔痛苦，缺乏因應技巧，處理困難時，常感到無助與孤立無援。
- 常以非黑即白的二分法思考，個人追求完美，常感到失敗。
- 對生死沒有正確的觀念與態度，言談中對自殺行為產生認同。
- 習於用逃避方式來處理所遇到的難題，在恐懼、痛苦、混亂中，自殺成為最終的逃避方式。
- 經常使用壓抑、取代、否認、投射等防衛機轉面對困境。

前述兩位人人稱羨的資優生，在她們身上多少具備這些心理特質。其實，她們集一切有利、令人稱羨的條件於一身，在人生的起跑線上，早已擁有比一般人更多的籌碼與資源，而立於不敗之地。然而

在無休止的激烈競爭當中，她們明顯感受到患得患失，失去了然於心的豁達安適，與經歷卓越的成就喜悅。

✳ 鉅視與微觀

長久以來，她們可能習慣性地以微觀（micro）且負面的角度去看待生活中一切的不順遂，而少有以鉅觀（macro）且正向的視野去逐夢踏實，享受生命樂趣。據此推論人生，便容易落在負面、陰暗、消沉的一端。徒然擁有青春年華，卻少了蓬勃朝氣與活力。當死神如閃電般突然來臨時，生命個體，也不過是枯枝落葉般的隨風飄落。上述因果般的剖析，不免落入「原因推測」的論述，對事實的真相並未有釐清的作用；對不幸事件發生的防患，亦無能產生正面效益。根本之道，恐怕還需回到對生命尊重態度的養成，以及對生命本質高貴、神聖不可侵犯的體驗，進而豐富個人的生命內涵。

✳ 生命起落是常態

生命的起落是必然，這是人生的常態。因此，應該更積極、正向地用階段性與層次化去看待人生的各樣際遇。這就是國學大師王國維所揭示的人生三境界——第一境界：「昨夜西風凋碧樹。獨上高樓，望盡天涯路。」第二境界：「衣帶漸寬終不悔，為伊消得人憔悴。」第三境界：「眾裡尋他千百度，驀然回首，那人卻在燈火闌珊處。」這闡明在人生道路的初始，寂寞地登上高樓，尋尋覓覓達到目標的路徑；中間經過摸索、奮鬥、努力的過程，仍感覺一無所獲，但為了達成目標，不斷打拼，即使「憔悴」無成，亦在所不惜，也不後悔；最後，歷盡千辛萬苦，突然開悟，同時發現目標就在燈火闌珊不遠處。人生，不就是在一連串探索、覺察、頓悟的過程中，提升並豐富我們

的心靈層次？

　生命可以是輕如鴻毛的隨風飄落，也可以是重如泰山的疼惜憐愛。這其中最大的差別在於，我們對生命的詮釋是卑微或高貴。因為：

「我們無法決定生命的長度，但我們可以掌握生活的廣度。

　我們無法左右天氣，但我們可以改變心情。

　我們無法改變容貌，但我們可以展現笑容。

　我們無法預知明天，但我們可以把握今天。」

05

在生命轉彎的地方

姪女小瑋大四時費了半年的時間補習托福、GRE，最後順利高分通過考試。原以為接下來是蒐集資料、選校、申請、一連串出國的繁瑣作業，準備赴美進修，未想她絕口不再提申請學校一事，一言不發地補習德文去了。我不禁納悶，再三追問，她的答案竟然是：「不去美國了，學費昂貴，德國免學費，獎學金機會多。」

✸ 生涯轉折

小瑋自小聰穎過人，外向活潑，懂事成熟，深得大人喜愛。從大一開始，她對自己的大學生活就有明確的規畫，日子過得忙碌又充實。大一準備轉系考試；大二補修學分；大三加強專業知能；大四考托福並申請學校。大學生活的繽紛歲月中，小瑋過得蠻愜意的，學業、社團、愛情三大學分均有不錯的表現，令人刮目相看。一切看似順遂，只等畢業到來，不料卻來個緊急煞車，回到原點，另起爐灶。

回顧小瑋的大學生活，她也曾擁有 e 世代年輕人的時髦玩意兒。這些短暫的追求與依戀，不僅豐富她的青澀歲月，更滿足某些潛藏的需求。一種難以言喻的偶像崇拜，令她成為追星族。每次只要有日本

偶像團體來台，她總是不畏風寒雨淋，不眠不休地費時排隊，只要能進場一睹偶像丰采，握握手、簽個名，簡直可以興奮好幾天。不過，這樣的時日並不長，有一次促膝長談後，她似乎找回「自我」，回到原有的軌道，依既定計畫，朝目標努力。

大學，顧名思義，便是大大地學。從生涯發展的觀點來看，這條路徑要經過適應與定向、認同與歸屬、成長與成熟、前途與出路等四個階段。每個階段都有不同的任務和學習的課題。當然，每個人的際遇不盡相同，大多數人可能順利完成這些任務，生活既充實又有內涵，體驗深刻而豐碩；但也有些人則淺嘗輒止，平淡無奇，以致改弦易轍，甚至停滯不前，導致「船過水無痕」，一旦面臨畢業或進入另一階段，只能懊惱後悔，自嘆時不我與。

進一步分析上述的發展任務，約略可分成：專業的成長、心智的發展、人際的圓熟、價值的啟發及興趣的定位等課題。當這些課題填滿大學生活時，大學生活的內涵是可以期待的，只要用心規劃、循序漸進，必可累積經驗，獲得成果。

✳ 價值與態度

以小瑋的情況言，在最後關卡重新抉擇的因素，是她的價值觀。同樣的負笈國外，美國耗費極大，是一筆可觀的學費，但美式文化較熟悉；留學德國，固然可省一大筆開銷，但一個碩士加博士，沒有八年十年是念不下來的。權衡利弊得失，作為定奪依據的，還是個人的價值觀。

一般所謂的價值觀，大致可分成四個層面：長期需要的，如：朋友、志趣、社團等；奮鬥的成果，如：財富、名聲、地位等；後天培育的，如：專長、職業、嗜好等；以及與生俱來的，如：外貌、健

康、才智等。有了四個層面的價值觀，在面臨人生各個階段的抉擇時，若能從較寬廣的視野、長遠的觀點作判斷、作考量，似較能減少偏狹的、淺短的抉擇所帶來的不利影響。事實上，每個人的一生都充滿抉擇，而每一個抉擇又成了下一次抉擇的起點，環環相扣。

✳ 走自己的路

生命旅程中有好多轉彎的地方，有人稱之為「轉捩點」，有人稱之為「因緣際會」。簡單地說，就是轉換、會通和改變。在生命轉彎的地方，你的發展任務完成了嗎？重要的課題是否記憶猶新？或早已封存？在無數抉擇中，自己的生命價值觀又如何？如果答案都是肯定而正向的，你的大學生活一定是充實而亮麗的，否則，恐怕有些疏漏或不足之處，亟待調整並重新出發。每個人一生的資源有限，年日不多，準備好了，時候一到，水到渠成即可揚帆上路，永不退卻。這正是赫塞（Hermann Hesse）在《流浪者之歌》（柯晏邾譯，2013）一再揭櫫的理念：

「大多數人都像落葉一樣，在空中隨風飄遊、翻飛、盪漾，
　　最後落到地上。
　　而一小部分的人，像是天上的星星，
　　在一定的路徑上行走，
　　任何風都吹不倒他們，
　　在他們心中，有自己的引導者和方向。」

06

超越生命困境

　　「XXXX 高三資優生上吊身亡」斗大的新聞標題，在電視新聞、報紙明顯欄位處怵目驚心地展現在國人眼前，在扼腕嘆息聲中，彷彿給「全面教改」、「終身學習」、「多元入學」、「適性教育」、「繁星計畫」帶來新的挑戰和期許。另，在大學端也持續出現尋短不幸事件，值得社會大眾更深入且全面的關切。

✿ 生命的脆弱性

　　入冬以來，凜冽低溫的日子不多，風和日麗，陽光普照的時光倒是不少。聖誕紅仍處處爭豔，年貨公車陸續穿梭馬路，這應該是充滿歡樂、熱鬧的季節。然而，令人遺憾的是，在歡樂、熱鬧的背後，卻發生這些悲劇，奪去寶貴的生命。就在同一天的地方版報紙上，有著同樣不幸事件的報導：

- 高雄市楠梓區一男子因與妻離婚，獨自撫養二子壓力大，攜子自殺造成二名幼兒死亡。
- 桃園市接連發生二件撞死人逃逸案，晨起運動老人慘遭計程

車撞死逃逸；另四十八歲婦人亦遭不明車輛撞及身亡。

- 八十歲老翁上午在家中遭歹徒持鈍器毆擊頭部，送醫後生命
  垂危。

以上三則新聞，係報導自都會版的報紙，其他未報導、或已報導的地方版社會悲劇新聞，則尚未計入。若以單日或全國為單位加以統計，其數目之大，必令人咋舌。

上述事件，都是突發事件，各不相屬，也無關聯。其發生背景如何、實情怎樣、責任歸屬，都由主管的檢警單位調查中，自不容隨意臆測推斷。但從報導中亦不難歸納出一些觀點。第一個案例是對自己、對有血緣關係的幼子生命權的不尊重，第二、三個案例，則是對他人，甚至素昧平生者生命權的不尊重。一個人既不懂得尊重生命，即不懂疼惜自己、熱愛生命、關心他人，因此對自己乃至他人身體的任意糟蹋、損害，也是可意料的事。

✳ 生命的堅毅性

還好，在同一個版面上，也同時刊登幾則振奮人心、雋永感人的生命故事：

- 新北市殘障福利協會邀集二十七名身心障礙者，提供百餘件
  創作工藝品，證明肢障者的創作靈感沒有障礙，只要有機
  會，他們也能貢獻一己之力，出人頭地。
- 耳不能聽，口不能言，聽語障畫家吳政彥身處靜寂世界，用
  繪畫豐潤生命，以手指作畫，創造契機。

- 罕見天使楊玉欣，對抗肌肉萎縮十年，化病痛為力量，笑談人生體驗，感動無數國人。

　　他們都是一群生命的勇士，在「先天不足，後天失調」的生命困頓中，毅然決然不向命運低頭，憑藉著有限資源，付出更多、更大的努力代價，開自己的路，創自己的未來。但他們並未因已擁有自己的一片天空而自滿；相反地，每經歷一次風吹雨打的挑戰，他們都要比常人耗費更大的心力，才能維持一定的常態或榮面。事實上，他們都是一群不屈服於命運的人。他們窮其一生的努力與打拼，都在體現詩人作家赫曼・赫塞（Hermann Hesse）的理念：

　「生命究竟有沒有意義並非我的責任，但怎樣安排此生，卻是我的責任。」

✴ 全人生命觀

　　在科技文明高度發達的今天，人類處於前所未有的不確定感，無形中帶來人與人、人與己、人與物、人與天的疏離。這種疏離感使得孩子們活得空洞、無奈與迷惘，因而感到不踏實、不自在、不快樂。其實，根本的原因在於，內心沒有真正讓他們感到有意義的生命內涵。生命困境何其多，小至於柴米油鹽醬醋茶的張羅，大至於生老病死的調理與安頓。為生命困境找出路，可說是每個人一輩子的責任。事實上，我們都同意：生命的內涵不外生死，生活的核心不外有無。「生死與有無」是生命困境的最佳描述，但也是突破困境的路徑。在這條路徑上，沒有捷徑，但有四個任務要完成，即：認識生命、尊重生命、體驗生命、接納生命。有了這樣的體驗，更能對「身體髮膚，

受之父母，不可毀傷」產生共鳴。因此，如何幫助孩子建立「全人」的視野，看到永恆的價值，體驗靈性的關懷，學習自我覺察，並從覺察中不斷地反省自我，學會與內在的自我和平共處，進而珍惜與他人相異之獨特性，如此才能找到自我生命的定位與存活的能量。

正如生命教育學者所強調的：生命是造物主賜給人非常重要、美好的禮物，所以應該珍惜這份禮物，並用心體驗這段生命歷程，好好地充實它，使之更有意義，隨時散發著光和熱。這就是生命教育的具體展現，也是生命困頓的超越。

07

大學學術研究的耽溺與覺醒

　　「大學」一詞的拉丁文（universitas）是「綜合」、「整體」、「完整」的意思。在中世紀，「綜合」、「整體」、「完整」含括全體教育和學生；到了近代，「綜合」專指科學的全體。這是西方大學涵義的變遷。

大學的涵義

　　國內有關大學的涵義，大抵仍沿用這些概念。因此，大學教師的主要工作包括：教學、研究與服務。在大學的「綜合」、「整體」與「完整」的概念中，教學、研究與服務是三位一體、不可分割的。勉強加以區隔，獨鍾一部分而輕忽其他項目，均會使大學教育的功能減弱，學術的本質變異，大學精神蕩然無存。因為部分的總和不等於整體。近年來，高等學府的大學校園紛傳教授過勞致死、英年早逝的不幸事件。這類原本發生在高壓力工作行業或中下勞力階層的過勞死，接二連三地發生在學術殿堂享有崇高地位的教授身上，的確是匪夷所思，其背後潛藏的問題，值得深思。

　　不可否認地，大學學術研究近年來呈現蓬勃發展的趨勢，各個學

門在國內外專業期刊發表的質與量均有顯著提升，顯見學術研究的長足進步。此一現象固然可喜，但隨著學術研究衍生出的後遺症，亦令人憂心。這其中涉及學術倫理、教師角色定位、教師職責、教育內涵移轉、師生關係疏離，甚至個人身心健康等問題，影響深遠，不可不慎。

✳ 大學教師的職責

大學教師之所以獨鍾學術研究且趨之若鶩，至少有三個主因：一為基本面因素；二為操作面因素；三為現實面因素。目前大學教師的升等，絕大多數的關鍵仍取決於研究論文的質與量，這是基本面因素。接著，研究期程曠日廢時，研究者若全心投入，不知不覺養成一些習性，如：過度沉迷在與研究有關的事務，輕忽現實面問題；誤以為研究是生命的全部，生活不過是片段；研究室是窩，家是短暫棲身之處等，這是操作面因素。而一旦學術研究有了成果，個人的學術地位、聲望、資源、成就感、自我價值感等接踵而來，這是現實面因素。

事實上，教育部在多年的訪視中，已覺察到基本面的缺失，為了有效補救，明訂大學教師的升等，應以研究、教學、服務三大要項為標準，且由各校訂定加權百分比，以期收到三要項等同重要，不偏廢或偏誤。此一措施固然立意甚佳，但在執行面卻有許多瓶頸，致使難以貫徹。學校當局常囿於教學評鑑不易客觀、服務評量不易具體落實，紛紛回到以量化的研究論文之質量為考核升等的必要且充分條件。

✳ 大學教育失衡的濫觴

令人不解的是，教育部既無能解決弊端，及早規劃、防患未然，更推波助瀾地訂定各類研究獎助辦法，助長研究第一、學術至上的教育單一價值偏態，並取消教學特優教師獎勵辦法，對大學教學的品質、教師服務的熱忱、教師的適任與否，較少聞問。此外，各大學鑑於研究成果的發表既可提高校譽，又可獲得高額補助，莫不傾全力跟進，訂定相對的獎勵辦法，如：研究論文發表的篇數成為獎金累加的依據、研究室器材的寬列預算、每週授課鐘點減少，或設置研究傑出的至高榮譽等。凡此種種，均使原本單純的學術研究摻上利益色彩；原本追求真知的學術殿堂，不再單一為真理而服務；原本教學是天職，學生是受教主體的基調，為之變調。至此，大學教師輕忽教學、服務，爭相投入研究，並耽溺其中，遂成為主流風潮。

眾所周知，重賞之下必有勇夫，學術研究關乎知識的建立與研究能力的提升，不料研究資源的增加，反而助長部分學者的僥倖與投機心態。長期以來，學界對於抄襲、剽竊等類似學術欺騙行為固然忍無可忍，但由於學術圈內瀰漫的鄉愿與人情因素作祟，因而導致「反省有餘，仲裁不足」、「劣幣驅逐良幣」的譏評，使得有違學術倫理之風難以杜絕。這是大學學術研究始料未及的惡果。

✳ 學術研究再出發

事實上，大學學術研究可以是健康、有生命力、有意義的生涯之路。個人以為解決之道有三：一為鼓勵團隊學術合作，眾志成城。二為學術審查單位嚴格把關，排除人情包袱，確實做到專業分工、匿名審查。必要時，得進行跨學門評比，以避免學閥把持、壟斷。三為釐

清學者們的個人價值觀，了解在有限歲月中自己的理想與目標，進而擬定現階段各項任務的優先順序，從沉溺中覺醒。學術生涯充滿挑戰與壓力是事實，寄望已上路或即將上路的年輕學者們思考余秋雨（1992）在《文化苦旅》自序中的警語：

> 「我們這些人，為什麼稍稍做點學問就變得如此單調窘迫了呢？
> 如果每宗學問的弘揚都要以生命的枯萎為代價，
> 那麼世間學問的最終目的又是為了什麼呢？
> 如果輝煌的知識文明總是給人們帶來如此沉重的身心負擔，
> 那麼再過千百年，人類不就要被自己創造的精神成果壓得喘不過氣來？」

大學學術研究的耽溺與覺醒，值得再思。

08

青少年學生的心與情

　　有一則吸引人的廣告，大意是說：

「有人不喜歡在書桌前看書。」
「有人不喜歡在客廳看書。」
「有人不喜歡在床上看書。」
「歡迎你來念 e 學院，你可以到處學習！」

　　e 世代的新人類、青少年到底在想什麼？青少年飆車、傷人、結夥搶劫、性暴力、計殺昔日同學、沉迷網咖……層出不窮的青少年事件，在媒體大肆渲染報導下，令許多人對青少年的行事風格、價值觀、衝突解決方式感到匪夷所思。不禁要問，青少年到底怎麼了？下列描述性的短句，出自朱秉欣教授（1986）多年的青少年輔導心得，可作為為人父母、師長或輔導者的參考：

✳ 青少年的心理需求

- 需要關懷，厭惡干涉。
- 需要了解，痛恨誤解。

- 需要傾訴，但討厭囉唆。
- 需要被愛，但不願被人談論。
- 需要歸屬感，因容易迷失。
- 需要安全感，因容易恐慌焦慮。
- 需要成就感，因容易喪失信心。
- 需要知心好友，因易感孤單。
- 需要人解決問題，但不喜歡被看成問題。
- 需要長者的行為規範，但不喜歡陳腔濫調或厲聲訓教。

✳ 青少年的優點與缺失

- 願意努力上進，但意志不堅。
- 希望充實自己，但缺乏動機。
- 願意服務犧牲，但需要鼓勵。
- 吸收廣博的知識，但缺乏綜合能力。
- 不斷追尋自我，但不敢肯定自我。
- 竭力爭取自由，但無法自治自立。

✳ 青少年的心理困擾

- 感情豐富、心靈脆弱，因此容易傷心、灰心。
- 心理尚未成熟，情緒容易激動；因此難得諒解。
- 體力旺盛，言行輕率；事後極易後悔，產生不安。
- 虛榮心強、妒忌心重；因此容易誤會，容易猜疑。
- 由於同伴競爭、父母苛求；屢次力不從心，因而感到自卑。
- 由於憧憬愛情，因此極易感到空虛。
- 由於膽怯害羞，喜怒哀懼的情緒受到壓抑，缺乏正當紓解。

- 富正義感、責任心，眼見不平、不義，容易義憤填胸。

- 自尊心強，難能接受訓斥而真心改過。

- 好冒險、喜刺激，容易沉迷網路，難以自拔。

　　從上述青少年的心理需求、優點與缺失、心理困擾來看，e世代的青少年在充滿誘惑與壓力的環境中，面臨各樣成長危機的比率是相當高的。青少年或多或少都有自我認同引發的身心困擾問題：學業疏離（輟學）、自我角色疏離（迷失自我）、規範疏離（不守規範）、價值疏離（放浪形骸、無所不為），或人際疏離（孤芳自賞）等問題。青少年若能得到較多的支持和關懷，或可減少其身心困擾的程度，使之順利成長；反之，則困擾可能會累加，甚至形成偏差心理，進而衍生成犯罪行為或身心疾病。

　　讓我們用心陪伴他們，傾聽他們的心與情，使他們的人生美夢成真。

09

教師權益與教育愛

　　現實治療理論創始人 William Glasser（1960）認為，人生而具有五大需求：生存（生理層面）、愛與隸屬、權力、自由，以及快樂／樂趣（心理層面）等。人類的行為表現都有其內在動機與選擇，因而需求的滿足會影響個人生活。人的問題出在個人的心理及生理需求未能滿足所致，但不管如何，我們都要為生活中的選擇負責。於是，現實治療理論提出一套實務做法 WDEP：Want（有何需要）、Doing（決定要做什麼）、Evaluation（評估目前的狀況）、Plan（有何改變的計畫）。由於強調行動，因此有人稱現實治療為「行動治療」，從「做」中產生改變，產生力量。

✳ 教師權益

　　2002 年 9 月 28 日，一向給人封閉、保守、任勞任怨印象的國中、小教師們，終於勇敢地走上台北街頭，在「教師要團結、尊嚴，勞動條件要協商」的口號聲中，表達積壓已久的心聲，真正與「社會對話」。他們反對教師被汙名、尊嚴被踐踏，也反對教改被汙名化。

　　權益指的是公民受法律保護的權利和利益；教師權益則是教師法

所明定的教師權利義務，用以保障教師工作與生活，提升教師專業地位。舉凡教師資格檢定與審定、聘任、權利義務、待遇、進修與研究、退休、撫卹、離職、資遣、教師組織等，均在該法中規定，藉以達到保護與約束之功效。

環顧社會大眾反應，不能說落於兩極化，但至少正反意見並存，不難想像這正是台灣社會的多元價值、自由民主與寬廣胸懷所允許。正面意見大致上認為：可喚起社會大眾對教師職業的重視、專業的肯定，並對內作號召、行銷、形成凝聚力。反面意見則認為：教師工作是百年樹人的志業，教育則是良心事業，豈可落在爭個人權益的層次裡打轉等傳統的思維。

✱ 檢驗訴求

當十萬名教師打著「還我納稅權」、「脫離工具化」與「團結組工會」的訴求遊行結束，在日子由絢爛歸回平靜之後，這些訴求及社會大眾對教師角色之期待，都要在放大鏡底下一一被嚴格檢視，而不像支持者所稱，為一「正視教師節抗爭遊行的廣泛影響力，未來恐怕是一波又一波」的社會運動。眾所周知，整個社會大團體普遍存在一個反作用力量，這是團體內各種力量相互牽動、催化的產物。例如：教師大遊行剛落幕，全國家長會即跳出來爭論誰才是受教的主體，保護學子的受教權。倘若有一天，學生亦走上街頭爭平等、要自尊，長久以往，形成漣漪效應，恐非社會之福。

事實上，當我們深入了解遊行的主要訴求之後，不難發現關鍵問題只有兩個——一為自主權，一為權益。教師自主權指的是「專業自主權」，亦即以教育專業為基礎，擴大教學的自主空間，發揮教育功能，提高教學成效。不可否認，教師專業自主權因教育行政人員的權

責過度膨脹而萎縮、枯萎。藉此次對話，喚起各級行政人員自我省察、自我節制，建構一個相互尊重的氛圍，立定可接受的界線，未嘗不是改變契機。

不過社會所期待於教師的，是專業自主權的提高，而非教師權益的擴張。社會大眾對小部分教師的專業能力、敬業態度、功利心態頗有微詞。九二八如果是教師與社會對話的開始，不能只談教師權益，而避談教師的社會責任、專業成長、教學與研究評鑑等問題。倘若能兼顧上述敏感議題，提出建設性遠見，逐步落實，其影響必定是千秋大業；若僅避重就輕，自我封閉，拒絕改革，將難以獲得社會大眾的認同，教師正面形象的形塑將是緣木求魚。

現實治療理論揭櫫人生而具有心理與生理層面的需求。教師權益的追求，不離心理與生理層面需求的滿足，因此應予尊重並接納。然在教師法中，已有教師權利與義務之明文規定。若能在情理法兼顧下妥善運作，適度評估目前狀況，擬定改變計畫，融入變革行動與能量，這將是教師、教育行政人員、家長三贏的局面，而受教的孩子們，將是最大受惠者。

✳ 典型在夙昔

六十年前筆者畢業於台中縣神岡國民小學，小學附近有一排日式房舍，裡面住了好幾位老師——劉大川校長、吳金技老師、林秀織老師、呂明綱老師、陳水波老師。他們敬業的態度、誨人不倦的精神，加上善待學生、視學生同己出的情懷，作育英才無數，令人感念至深。如今，他們都先後老去，每逢回到這裡，不禁有文天祥「哲人日已遠，典型在夙昔」的感念。在他們身上，彷彿展現了泰戈爾（Rabindranath Tagore）詩句的理想：

「讓您溫和的眼睛，

　落在他們的身上，

　有如黃昏的柔靄，

　淹沒那日間的爭擾。」

　　這，就是社會大眾殷殷期盼的「教育愛」吧！

10

物欲與情操

　　物欲的滿足是個弔詭的心理歷程。學理上稱心理歷程是指，個體從感受到外在刺激到表現出外顯反應之間的一段內在活動歷程。物欲的滿足從一個需求或目標的刺激開始，到行動獲取所需或目標擁有，常帶來愉悅的滿足與成就感；但問題在於，一旦欲望得到滿足後，往往會衍生出新的欲望，因而繼續追求新的欲望的滿足，如此陷於另一循環中，一時難以突破並超越。因此，物欲乃煩惱之源，不無道理。但從另一角度言，沒有欲望，甚至清心寡欲，是否必然快樂？也未必。若「無欲」只是壓抑到潛意識層面，其實欲望仍在，只是潛伏不顯，那麼，「無欲」本身反而是另一煩惱源。沒了物欲，便沒有機會享受欲望得到滿足時的快感，這使得生活趨於平淡無味，終究談不上快樂。若能取之有道且適量，物欲的滿足似乎也不是壞事。可見關鍵問題不在物欲的有無或多少，而在形而上情操的高下或貴賤。這就是古人所言「為濁富不若為清貧，以憂生不若以樂死」的道理。

✳ 物欲的內在歸因

　　報載一名國立明星大學的法律系二年級學生，為買新型手機涉嫌

犯下劫財惡行，引起高等教育界的震撼。社會大眾大多在「原因推測」上著墨。有人說：現在的大學生有「高消費主義」傾向；有人認為社會大眾崇尚物質、追求名牌作了最壞的示範；又有人以為國民年平均所得提高，中上家庭大多能供應子女某種程度的消費需求，同儕間的認同與競爭壓力，使得大學生鋌而走險。拿上述觀點詮釋一件犯行，並作為外在歸因，雖合乎常理，但並不符真義。畢竟一位念法律、懂法律的二十餘歲年輕人，早就可以且應該為自己的行為負責了。種種外在歸因的詮釋，可能落在合理化地模糊焦點行為，卻欠缺一種反求諸己的內在歸因、探索真相的驅力。於是，模糊不明的真相依舊朦朧，問題行為依然持續發生。

❋ 內外心理因素

事實上，學生追求高消費和名牌的現象，也是一種欲望的表徵及物欲滿足的行為，具有外力和內在兩方面的心理因素。外力，是模仿認同和同儕壓力在推波助瀾；內在，則是自我掌控能力和自我價值感的不足。兩相激盪下，造成盲目追求物欲的滿足，衝動式獲取所需求的資源。

在某種形式上，青少年、大學生的消費行為是模仿自成人社會。舉凡汽車、房屋、服飾、日用品等廣告，都有意無意地暗示：名牌即是身分、地位的表徵。經過模仿、認同，最後便形成學生間的同儕壓力源。機車、手機、穿著名牌，無一不是循此歷程，而成為一種時尚風潮。只因「許多同學、朋友都有……我也要」，父母供應得起的，便理所當然地享有較多資源，早早躋身在名牌追求的洪流；家人無力供應者，只好透過打工、兼差賺取所需，自行解決。高收入的行業、高風險的投資理財，便輕易打動年輕學子，爭相投入。

✱ 精神層面涵養的充實

不過，大學生的消費行為並非全然如此。雖有人沉溺在名牌的迷思，但也有人克勤克儉、量入為出，確信「節儉」仍是美德。此一擇善固執的現象，說明了眾多外力的引誘下，「內在」因素的情操才是決定因素，且更形重要。倘若年輕學子對未來充滿希望，對自己滿懷信心，清楚自己的角色和限制，行事為人有自己的定見，亦即自我掌控能力高、自我價值感明確，則較不會淪入盲目而短暫的物欲追求中。這些內在因素的養成，固然在小學高年級至國中階段完成，但在高中、大學階段，仍有機會加以補足。只要在人生各個重要階段的轉捩點上把握機會，認清物欲的雙面刃，建立個人情操修為，仍可脫胎換骨，永保清新。

由上可知，對於內在因素的養成，在精神層面的情操之建構，是不可或缺的。有人說：「生命的惶惑，往往是因內在的充實不足；即使外在的知識豐富，仍無法解決源自內在的衝突。」內在的充實不足，即肇因在精神層面的涵養貧乏。俄國作家列夫・托爾斯泰（Leo Tolstoy）在《戰爭與和平》鉅著中，為精神層面的內涵作了最簡明扼要的詮釋：

「沒有簡樸、良善、真理，即無偉大可言。」

11

從「合作學習」提升學生的學習成就

　　自 1970 年開始，合作學習（cooperative learning）的教學被廣為使用。到目前為止，合作學習已被公認是非常有效的教學方式之一。相關的學術研究，幾乎一致支持合作學習在許多科目的學習經驗與成就，不論個人及團體，均優於傳統的教學方式。許多身居第一線的教師，將合作學習視為一種讓學生透過分組、在小組成員互動的過程中達成共同目標的學習方法。

✳ 合作學習的特色

　　教育學家 Parker J. Palmer（2017）認為合作是民主社會的要素。在民主社會中，個體藉由合作增進自我的發展，同時增長社會貢獻的能力。他主張：學校教育應利用合作取代競爭，如此才能使學生的能力獲得充分的發展；當班級瀰漫合作與分享的氛圍時，學生更能樂在學習。傳統的教學，獲得酬賞獎勵的機會幾乎都來自競爭，別人的成功正凸顯自己的失敗。在此學習環境中，程度中下的學生極少獲得酬賞，不易產生或維持學習興趣與正向的學習態度。教室教學成為同儕相互競爭與對立的場所，高成就學生有可能成為眾矢之的，而成為代

罪羔羊；中低成就的孩子，因得不到增強讚賞，而淪為學業的疏離者。這樣的結果，都不是教育工作者所樂見。

依理而論，若教學歷程的主客觀條件相似，或相關變項控制得宜，教學的成果大多是可預期的。心理學家指出，當一件事情發生前，我們認為經歷一段過程，即能預測其結果，後經證實果真如我們所料，這種經過經驗法則的研判、預測結果的過程，即所謂的「先見之明」。當然，先見之明亦可能產生偏誤（bias）或失效（invalid）的現象，俗稱「始料所未及」，即是一例。

✳ 自我應驗預言與教師期望

教育心理學上的「自我應驗預言」（self-fulfilling prophecy）就是先見之明的例子。簡言之，教師的期望本身足以使學生變得有成就或沒有成就。教師的期望產生自我應驗預言，不論在學業成就或其他教室行為均可能出現。例如，當教師認為某學生是認真用功的好學生，當這學生在小考成績不理想時，教師便解釋為：「考不好，可能是失常的緣故。」於是下次小考，該生加倍用功，考得好成績，因而符合教師的期望。相反地，若教師認定某一學生無可救藥、不可能有好的表現，一旦這位學生在行為上有任何缺失，教師便解釋為：「這就是無可救藥的證據！」該生最終便可能如期望的，走向學習的不歸路。

教師期望為何會對學生學習行為產生影響呢？心理學家 Good 與 Brophy（1984）指出，學生回答教師問題後，教師對高成就學生稱讚的比率，要高於低成就學生；但當學生回答錯誤時，低成就學生受到責罵的機會，卻又顯著大於高成就學生。值得注意的是，當學生回答不知道時，教師會為高成就學生重述問題、提供暗示，而對低成就學生，則往往很快放棄或直接告訴他答案。教師與高成就學生接觸的時

間，約為低成就學生的兩倍。國內郭生玉教授的研究進一步解答此問題，他發現：教師期望的自我應驗預言透過影響教師本身的行為，直接影響學生的自我概念，再進而影響學生的成就動機。

固然先見之明可能有偏誤或失效的現象，但在教學過程中，我們仍應對學生寄予厚望，因勢利導，循循善誘，適時給予成就經驗。我們期望他們的學習成就達到什麼水平，就該用什麼方式來善待他們。

✳ 教學再出發

這樣的教學態度與方式充分展現合作學習的精神與理念。在教師職業角色充滿壓力的今天，合作學習的教學方式不僅提供教師一個輕省且有成就感的教學法，同時，也能提升學生的學習成就，使其獲得正向的學習經驗，進而樂在學習。

個別心理學創始者阿德勒（Alfred Adler）說：

「沒有任何孩子是沒有希望的，除非您告訴他：『你失敗了，你是失敗者。』」

12

來生的生涯願景

　　如果來生可以選擇一項職業，你還會從事監所感化教育的管理員嗎？這是法務部矯正署四等管理員班在職訓練中，課後提問的問題之一。通常約三分之一的學員會回答「會」；約三分之一的學員會語帶保留，最後表示「再看看」；其餘的學員則選擇禮貌性地沉默，不置可否。以下的對話，來自一位服務二十五年的資深管理員的心聲：

「我下輩子很樂意選擇同樣四等管理員的工作。」
「我這次研習回去，就準備辦理退休。當時長官還問我，都快退
　休了還去研習，我說活到老學到老，因為太喜歡這個工作
　了。」
「我年輕時做過水泥工，做過防水、砌磚牆、抓漏等，但最有成
　就感的，莫過於監所管理員的工作。」

監所感化教育

　　最近幾年，他一直在重刑犯舍房工作，每每看到重刑犯在最後接近死刑前的表現，令他感觸很深。他樂意花時間與心力陪伴他們，跟

他們聊心事，傾聽並接納他們過去所做所為，安撫他們，結果贏得許多重刑犯們的信任。這些經驗激勵他，樂意在監所服務。在重刑犯身上，他彷彿看到善良、光明的一面，深切感受到人性的光輝。

四等管理員是監所矯正感化機構的基層人員。他們接受一般法律概論、矯正專業概論、通識、矯正法規概論、管理員矯正實務、技能課程及教輔活動等訓練課程。此外，他們還需接受實習課程，奠定日後之職場專業能力；實習課程結束後，分發到各監獄、看守所、技能訓練所、少年觀護所等機構服務，主要工作為：舍房、工場、提帶接見、外醫戒護等戒護管理工作、被告押送及脫逃者追捕、受刑人解送移監、工場監舍之查察管理及身體、物品搜檢等任務。

由上可知，四等管理員是感化教育中最接近受刑人的基層工作人員。他們雖不直接負責受刑人之教誨、教育、輔導工作，但由於工作職掌幾乎與受刑人有關，加上工作勤務採「日勤」與「夜勤」兩種，日夜值勤均與受刑人生活在一起，朝夕相處。在戒護管理工作之外，受刑人在一定程度上受其感化與影響。

✳ 重刑犯教化的挑戰

事實上，監所重刑犯大多是犯下殺人、性侵、擄人勒贖等重罪，這類重刑犯大都具有「冷靜」與「冷血」的人格特質，在精神醫學中稱為「反社會人格」。具有反社會人格者，往往缺乏自尊心和自信心。因此，臨床上反社會人格者之處遇與矯治工作面臨相當的難題，關鍵在於其無法信任他人、了解他人之感受，並從錯誤中記取教訓，因而缺乏自我改變的動機，甚至拒絕改變。這使得重刑犯的矯治雪上加霜，難上加難。

監所感化教育形同在監所執行的教育工作。未想到一位極其平凡

的資深管理員，在陪伴與帶領重刑犯中，運用接納、鼓勵、傾聽、同理心的正向管理方式，將心比心重刑犯的處境，竟贏得信任，最終得以頑石點頭，發揮最大的教化功能。

✳ 愛是教化的基石

我們相信：「鳥之將死，其鳴也哀；人之將死，其言也善。」即使是重刑犯，面對死刑，一生的恩怨、罪債、富貴貧窮、懊惱悔恨，都要落幕。若能卸下防衛、坦承面對、請求諒解、前嫌盡釋，甚至返璞歸真，也算是功德圓滿。但問題是，何人、何時、何地、何事，能擔負起這種催化、引導、開悟的角色？阿基米德（Archimedes）說：「給我一個支點，我可以舉起整個地球。」愛，就是在別人的需要裡看到自己的責任，並樂意投入其中。

願這位監所管理員的生涯願景，帶給我們更多的自省與再思。

參考書目

中文部分

台北市社會局（2002）。**九〇年代全國婚姻外遇現況調查報告**。台北市政府社會局九十一年七月十日新聞稿。

朱秉欣（1986）。**青少年輔導**。台北市：光啟。

余秋雨（1992）。**文化苦旅**。台北市：爾雅。

吳四維（2019）。**青少年自殺問題**。2020/11/22 取自http://ncuecounseling.ncue.edu.tw/ezfiles/9/1009/img/263/03.pdf

柯晏邾（譯）（2013）。H. Hesse 原著。**流浪者之歌**（Siddhartha）。台北市：遠流。

梁秀鴻（譯）（2001）。E. Kirschmanm 原著。**愛上警察：警察家庭心理手冊**（I love a cop: What police families need to know）。台北市：張老師文化。

許維素（2002）。賦能導向的諮商（上）：以焦點解決短期諮商為例。**諮商與輔導，198，18-22。

許維素（2003）。**焦點解決短期心理治療的應用**。台北市：天馬文化。

許耀雲、孫孚桓（譯）（2004）。B. E. Weil & R. Winte 原著。**外遇：可寬恕的罪**（Adultery: The forgivable sin）。台北市：遠流。

黃光國（1990）。**自我實現的人生**。台北市：桂冠圖書。

黃政昌（2001）。學校三級預防策略之探討。**諮商與輔導，184，19-23。

黃政昌、黃瑛琪、連秀鸞、陳玉芳（2015）。**輔導原理與實務**（第二版）。台北市：心理。

楊曼如（譯）（2001）。B. Buford 原著。**人生下半場**（Halftime）。台北市：雅歌。

劉俠（2000）。**為什麼我沒有自殺？如何渡過生命低潮**（第二版）。台北市：健行。

潘正德（譯）（2004）。J. S. Greenberg 原著。**壓力管理**（第二版）（Comprehensive stress management）。台北市：心理。

潘正德（2007）。**諮商理論、技術與實務**（第三版）。台北市：心理。

聯合報新聞網（2020）。**「中年危機」真的存在！**2020/11/20 取自 https://udn.com/news/story/6812/4374145/

英文部分

Bauer, G. (1992). *Our journey home: What parents are doing to preserve family values.* W Pub Group.

Beck, A. T. (1976). *Cognitive therapy and the emotional disorders.* New York, NY: International Universities Press.

Corey, G. (2016). *Theory and practice of counseling and psychotherapy* (10th). CA: Brooks/Cole Pub Co.

Glasser, W. (1960). 2020/11/20 取自 https://www.google.com.tw/search?tbm=bks&hl=zh-TW&q=Willaim+Glasser+1960

Good, T. L., & Brophy, J. E. (1984). *Looking in classrooms.* New York, NY: Harper & Row Publishing.

McWhirter, E. H. (1991). Empowerment in counseling. *Journal of Counseling & Development, 69*(3), 222-227.

Palmer, P. J. (2017). *The courage to teach: Exploring the inner landscape of a teacher's life.* San Francisco, CA: John Wiley & Sons Inc.

Perls, F. (1969). 2020/11/20 取自 https://en.wikipedia.org/wiki/Fritz_Perls

NOTE

國家圖書館出版品預行編目（CIP）資料

輔導手札：一位助人者的心靈向度／潘正德著.
-- 初版. -- 新北市：心理出版社股份有限公司, 2021.02
面； 公分. --（輔導諮商系列；21129）
ISBN 978-986-191-939-3（平裝）

1.心理輔導 2.心理諮商

178.3   109022359

輔導諮商系列21129

輔導手札：一位助人者的心靈向度

作　　者：潘正德
執行編輯：陳文玲
總　編　輯：林敬堯
發　行　人：洪有義
出　版　者：心理出版社股份有限公司
地　　址：231026 新北市新店區光明街 288 號 7 樓
電　　話：(02) 29150566
傳　　真：(02) 29152928
郵撥帳號：19293172 心理出版社股份有限公司
網　　址：https://www.psy.com.tw
電子信箱：psychoco@ms15.hinet.net
排　版　者：菩薩蠻數位文化有限公司
印　刷　者：辰皓國際出版製作有限公司
初版一刷：2021 年 2 月
I S B N：978-986-191-939-3
定　　價：新台幣 250 元